A escola dos Annales (1929-1989)

FUNDAÇÃO EDITORA DA UNESP

Presidente do Conselho Curador
Mário Sérgio Vasconcelos

Diretor-Presidente
Jézio Hernani Bomfim Gutierre

Superintendente Administrativo e Financeiro
William de Souza Agostinho

Conselho Editorial Acadêmico
Danilo Rothberg
Luis Fernando Ayerbe
Marcelo Takeshi Yamashita
Maria Cristina Pereira Lima
Milton Terumitsu Sogabe
Newton La Scala Júnior
Pedro Angelo Pagni
Renata Junqueira de Souza
Sandra Aparecida Ferreira
Valéria dos Santos Guimarães

Editores-Adjuntos
Anderson Nobara
Leandro Rodrigues

Peter Burke

A escola dos Annales (1929-1989)
A revolução francesa da historiografia

Tradução
Nilo Odalia

© 1990 by Peter Burke
Título original em inglês: *The French Historical Revolution*:
The Annales School, 1929-1989.

© 1990 da tradução brasileira:
Fundação Editora da UNESP (FEU)
Praça da Sé, 108
01001-900-São Paulo-SP
Tel.: (0xx11) 3242-7171
Fax: (0xx11) 3242-7172
www.editoraunesp.com.br
www.livrariaunesp.com.br
atendimento.editora@unesp.br

CIP – Brasil. Catalogação na fonte
Sindicato Nacional dos Editores de Livros, RJ

B973e
2.ed.

Burke, Peter, 1937-
A Escola dos Annales (1929-1989): a revolução francesa da historiografia / Peter Burke; tradução Nilo Odalia. – 2.ed. – São Paulo: Editora da Unesp, 2010.

174p.
Tradução de: The French Historical Revolution: the Annales School, 1929-1989
Contém glossário
Inclui bibliografia
ISBN 978-85-393-0076-1

1. Annales (Revista). 2. Escola dos Annales. 3. História – Filosofia. 4. História – Metodologia. 5. Historiografia – França. I. Título.

10-6094   CDD: 907.2044
                                                                                              CDU: 82-94(44)

Índices para catálogo sistemático:
1. Escola dos Annales: Historiógrafos: França   944.0072
2. Historiógrafos: História   944.0072
3. Historiografia: Revolução Francesa   944.04072
4. Historiógrafos: França: História   944.0072
5. Revolução Francesa: Historiografia   944.04072

Editora afiliada:

Asociación de Editoriales Universitarias
de América Latina y el Caribe

Associação Brasileira de
Editoras Universitárias

Sumário

Apresentação 7
Prefácio 11
1. O Antigo Regime na Historiografia e seus críticos 17
2. Os Fundadores: Lucien Febvre e Marc Bloch 25
   I – Os anos iniciais 25
   II – Estrasburgo 30
   III – A criação dos *Annales* 36
   IV – A institucionalização dos *Annales* 41
3. A Era de Braudel 49
   I – *O Mediterrâneo* 49
   II – O Braudel das últimas obras 61
   III – O nascimento da história quantitativa 73
4. A Terceira Geração 89
   I – Do porão ao sótão 91
   II – O "terceiro nível" da história serial 99
   III – Reações: antropologia, política e narrativa 105

5. Os *Annales* numa perspectiva global   123
   I – A acolhida aos *Annales*   123
   II – Um balanço final   137

Glossário: A linguagem dos Annales   145

Bibliografia: As obras e os estudos principais dos Annales   151

Apresentação

Em seu famoso livro sobre a história da historiografia, Fueter[1] chama a atenção para o fato de que toda nova abordagem histórica se origina de um acontecimento que determina o rumo da própria história. A insatisfação que os jovens Marc Bloch e Lucien Febvre demonstravam, nas décadas de 10 e 20, em relação à história política, sem dúvida estava vinculada à relativa pobreza de suas análises, em que situações históricas complexas se viam reduzidas a um simples jogo de poder entre grandes – homens ou países – ignorando que, aquém e além dele, se situavam campos de forças estruturais, coletivas e individuais que lhe conferiam densidade e profundidade incompatíveis com o que parecia ser a frivolidade dos eventos. Se a história, como sempre pretendeu Febvre, era filha de seu tempo, não seria possível continuar a fazer esse tipo de história convencional que nem correspondia aos anseios de uma humanidade que vivia, nessas décadas, momentos de convulsões e rupturas com o passado,

---

1 Fueter, Ed. *Historia de la Historiografia moderna*. Trad. Argentina. Buenos Aires, Editora Nova, 1953. 2v.

Apresentação

nem conseguia responder satisfatoriamente às exigências do novo homem que daí surgia.

A necessidade de uma história mais abrangente e totalizante nascia do fato de que o homem se sentia como um ser cuja complexidade em sua maneira de sentir, pensar e agir não podia reduzir-se a um pálido reflexo de jogos de poder, ou de maneiras de sentir, pensar e agir dos poderosos do momento. Fazer *uma outra história*, na expressão usada por Febvre, era portanto menos redescobrir o homem do que, enfim, descobri-lo na plenitude de suas virtualidades, que se inscreviam concretamente em suas realizações históricas. Abre-se, em consequência, o leque de possibilidades do fazer historiográfico, da mesma maneira que se impõe a esse fazer a necessidade de ir buscar junto a outras ciências do homem os conceitos e os instrumentos que permitiriam ao historiador ampliar sua visão do homem. Como em Michelet, não se desprezava o subjetivo, a individualidade, como em Marx ou em outros historiadores que assentavam suas análises no econômico e no social; não se esquecia de que as estruturas sempre têm algo a dizer a respeito do comportamento do homem; e como Burckhardt, afirmava-se que o homem não se confinava a um corpo a ser mantido, mas também um espírito que criava e sentia diferentemente, em situações diferençadas.

Talvez resida nessa intenção de diversificar o fazer historiográfico a maior contribuição de Bloch e Febvre, quando, além de produzirem uma obra pessoal significativa, fundaram a revista *Annales*, com o explícito objetivo de fazer dela um instrumento de enriquecimento da história, por sua aproximação com as ciências vizinhas e pelo incentivo à inovação temática.

Duas personalidades, dois temperamentos, duas maneiras de abordagem do homem harmonizando-se numa combinação que possibilitou o franqueamento das fronteiras da história, permitindo de um lado a liberdade humana e a individualidade preservadas, e de outro, a ação do homem presente no interior de estruturas que a limitam, condicionam e mesmo determinam. Essa tensão criati-

Apresentação

va entre liberdade e determinismo tornou possível a colaboração entre os dois historiadores e a criação dos *Annales*. E com isso, uma renovação dos estudos historiográficos, que atinge sua plena expansão e efervescência com a chamada *História Nova*. Peter Burke chama a atenção em seu texto para o fato de que, se se fizesse, na época, uma previsão quanto ao nascimento de uma nova história, a França não seria uma das favoritas para ser seu berço, visto que em outros países, na Alemanha por exemplo, pareciam existir melhores condições para que tal ocorresse. Mas foi na França que ela nasceu.

Talvez possamos encontrar uma explicação no fato de que, depois da Revolução Francesa e com o surgimento da historiografia romântica, a sensibilidade histórica do povo francês aguçou-se, permitindo que a história se enraizasse em seu cotidiano. Sem dúvida, a obra histórica e pessoal de Michelet muito contribuiu para essa transformação, pois ele foi não apenas o grande historiador da Revolução, mas também o homem que transformou o fato histórico na saga de uma nação.

Creio que se pode dizer que com Michelet a história penetrou nos hábitos da nação, pois sua obra conseguiu "realizar uma verdadeira ressureição da...vida nacional".[2] Embora os historiadores ligados à Escola dos *Annales* – e Peter Burke é apenas mais um exemplo – busquem, aquém do século XIX, as origens do trabalho histórico que realizam recuando até os gregos, sem dúvida devem a Michelet não algumas de suas qualidades, mas, o que me parece mais importante, a criação do clima emocional e intelectual necessário para que a ciência histórica se transformasse numa necessidade do homem francês.

Se a conquista do Oeste americano encontrou sua glorificação no popular *faroeste*, transformado num tema cinematográfico por excelência, a Revolução Francesa permitiu aos historiadores franceses encontrarem o meio de fazer ouvir sua voz, constituindo-se numa fonte contínua para as mais criativas escolas historiográficas.

---

2 *Petit Larousse Ilustré*, 1900-1934, apud Barthes, Roland, *Michelet*, Seuil, p.6.

Apresentação

O livro de Peter Burke sobre a Escola dos *Annales* tem, ao lado de suas múltiplas virtudes, a de propiciar ao leitor culto e ao especialista uma visão sintética e abrangente do que ela foi e é atualmente. A capacidade de Burke, de em poucas palavras situar um problema, estabelecer vinculações e classificações, permite usufruir de seu domínio sobre o que escreve, transferindo ao leitor, mesmo quando não integralmente familiarizado com os problemas temáticos e metodológicos, ou com as inúmeras ramificações da *História Nova*, um conhecimento que o habilitará a programar-se para um estudo mais sério e sistemático.

Por outro lado, permite compreender que o engajamento histórico não é uma via de mão única e que buscar o conhecimento do homem integral e total - preocupação constante de Marx – não deve limitar-se a vê-lo como prisioneiro de estruturas asfixiantes, mas também como um espírito capaz de ser livre por sua criatividade.

Afirmou Lévi-Strauss, em seu livro *O pensamento selvagem*, que sua ambição era realizar, no nível da superestrutura, o que Marx realizara no nível da infraestrutura. Inspirados pela tensão estrutura e individualismo, nascida de Bloch e Febvre, uma significativa contribuição foi dada pela *História Nova* para que se alcançasse o ideal levistraussiano. E Peter Burke nos põe diante desse fato com simplicidade e competência. Da mesma maneira que nos permite tomar conhecimento e compreender por que todas as grandes questões da historiografia contemporânea passam necessariamente pelos historiadores vinculados, direta ou indiretamente, à *História Nova*. Por todas essas qualidades e por vir preencher mais uma lacuna de nossa bibliografia histórica, o livro de Peter Burke, lançado no Brasil ao mesmo tempo de sua edição inglesa, será um título obrigatório na biblioteca de todos os amantes da história.

São Paulo, 5 de agosto de 1990.
Nilo Odália

Prefácio

Da produção intelectual, no campo da historiografia, no século XX, uma importante parcela do que existe de mais inovador, notável e significativo, origina-se da França. *La nouvelle histoire*, como é frequentemente chamada, é pelo menos tão conhecida como francesa e tão controvertida quanto *la nouvelle cuisine* (Le Goff, 1978). Uma boa parte dessa nova história é o produto de um pequeno grupo associado à revista *Annales*, criada em 1929.[1] Embora esse grupo seja chamado geralmente de a "Escola dos Annales", por se enfatizar o que possuem em comum, seus membros, muitas vezes, negam sua existência ao realçarem as diferentes contribuições individuais no interior do grupo.[2]

O núcleo central do grupo é formado por Lucien Febvre, Marc Bloch, Fernand Braudel, Georges Duby, Jacques Le Goff e Emmanuel

---

1 A revista teve quatro títulos: *Annales d'histoire économique et sociale* (1929-39); *Annales d'histoire sociale* (1939-1942, 45); *Mélanges d'histoire sociale* (1942-4); *Annales: économies, sociétés, civilisations* (1946-).

2 Num debate internacional sobre a Escola dos Annales, em Stuttgart, em 1985, Marc Ferro negou vigorosamente a existência da escola. Enquanto fazia isso, constantemente empregava a palavra *nous*.

Le Roy Ladurie. Próximos desse centro estão Ernest Labrousse, Pierre Vilar, Maurice Agulhon e Michel Vovelle, quatro importantes historiadores cujo compromisso com uma visão marxista da história – particularmente forte no caso de Vilar – coloca-os fora desse núcleo. Aquém ou além dessa fronteira estão Roland Mousnier e Michel Foucault. Este aparece esporadicamente neste estudo em razão da interpenetração de seus interesses históricos com os vinculados aos *Annales*.

A revista, que tem hoje mais de sessenta anos, foi fundada para promover uma nova espécie de história e continua, ainda hoje, a encorajar inovações. As ideias diretrizes da revista, que criou e excitou entusiasmo em muitos leitores, na França e no exterior, podem ser sumariadas brevemente. Em primeiro lugar, a substituição da tradicional narrativa de acontecimentos por uma história-problema. Em segundo lugar, a história de todas as atividades humanas e não apenas história política. Em terceiro lugar, visando completar os dois primeiros objetivos, a colaboração com outras disciplinas, tais como a geografia, a sociologia, a psicologia, a economia, a linguística, a antropologia social, e tantas outras. Como dizia Febvre, com o seu característico uso do imperativo: "Historiadores, sejam geógrafos. Sejam juristas, também, e sociólogos, e psicólogos" (Febvre, 1953, p.32). Ele estava sempre pronto "para pôr abaixo os compartimentos" e lutar contra a especialização estreita.[3] De maneira similar, Braudel escreveu *O Mediterrâneo* como o fez para "provar que a história pode fazer mais do que estudar jardins murados".[4]

O objetivo deste livro é descrever, analisar e avaliar a obra da escola dos *Annales*. Essa escola é, amiúde, vista como um grupo monolítico, com uma prática histórica uniforme, quantitativa no que concerne ao método, determinista em suas concepções, hostil ou, pelo menos, indiferente à política e aos eventos. Esse estereótipo dos *Annales* ignora tanto as divergências individuais entre seus membros

---

3 Febvre (1953, p.104-6), carta escrita em 1933.
4 Braudel (1949). Trad. bras. 1983.

Prefácio

quanto seu desenvolvimento no tempo. Talvez seja preferível falar num movimento dos *Annales*, não numa "escola".[5] Esse movimento pode ser dividido em três fases. Em sua primeira fase, de 1920 a 1945, caracterizou-se por ser pequeno, radical e subversivo, conduzindo uma guerra de guerrilhas contra a história tradicional, a história política e a história dos eventos. Depois da Segunda Guerra Mundial, os rebeldes apoderaram-se do *establishement* histórico. Essa segunda fase do movimento, que mais se aproxima verdadeiramente de uma "escola", com conceitos diferentes (particularmente estrutura e conjuntura) e novos métodos (especialmente a "história serial" das mudanças na longa duração), foi dominada pela presença de Fernand Braudel.

Na história do movimento, uma terceira fase se inicia por volta de 1968. É profundamente marcada pela fragmentação. A influência do movimento, especialmente na França, já era tão grande que perdera muito das especificidades anteriores. Era uma "escola" unificada apenas aos olhos de seus admiradores externos e seus críticos domésticos, que perseveravam em reprovar-lhe a pouca importância atribuída à política e à história dos eventos. Nos últimos vinte anos, porém, alguns membros do grupo transferiram-se da história socioeconômica para a sociocultural, enquanto outros estão redescobrindo a história política e mesmo a narrativa.

A história dos *Annales* pode assim ser interpretada em termos da existência de três gerações, mas serve também para ilustrar o processo cíclico comum segundo o qual os rebeldes de hoje serão o *establishement* de amanhã, transformando-se, por sua vez, no alvo dos novos rebeldes. Mesmo assim, algumas de suas preocupações básicas permanecem, pois a revista e os indivíduos a ela associados oferecem o mais sistemático exemplo, neste século, de uma interação fecunda entre a história e as ciências sociais.

---

5 Ou talvez, como R. Chartier e J. Revel, de "uma espécie de nebulosa em expansão constante e dotada de uma capacidade de atração e de amálgama notável" (citado em Coutau-Bégarie, 1983, p.259).

13

Prefácio

Este breve estudo do movimento dos *Annales* pretende atravessar diversas fronteiras culturais. Objetiva, de um lado, tentar compreender o mundo francês, de outro, explicar, tanto quanto possível, a década de 20 às gerações posteriores e a prática do historiador para sociólogos, antropólogos, geógrafos e outros cientistas sociais. Ele se apresenta sob a forma de uma história que busca harmonizar uma organização cronológica a uma temática.

O problema com esse tipo de combinação, aqui ou em qualquer outro estudo histórico, é o que se conhece como "a contemporaneidade do não-contemporâneo". Braudel, por exemplo, embora fosse excepcionalmente aberto às novas ideias, mesmo numa idade avançada, não alterou fundamentalmente sua maneira de ver e escrever a história, desde os anos 30, quando planejava seu *Mediterrâneo*, até a década de 80, quando trabalhava seu livro sobre a França. Daí a necessidade de ter tomado algumas liberdades com a ordem cronológica.

O livro é, ao mesmo tempo, algo mais e algo menos do que um estudo de história intelectual. Não aspira a ser o estudo acadêmico definitivo sobre o movimento dos *Annales*, o que, espero, alguém faça no século XXI. Só então poderão ser utilizadas fontes às quais não tive acesso, como os rascunhos manuscritos de Marc Bloch ou as cartas não publicadas de Febvre e Braudel.[6] Seu autor irá precisar de um conhecimento especializado tanto da história da historiografia quanto da história da França do século XX.

O que tentei escrever é algo bem diferente. É um ensaio de caráter mais pessoal. Já me descrevi, algumas vezes, como um "companheiro de viagem" dos *Annales*. Em outras palavras, um historiador de fora que, como muitos outros estrangeiros, buscou sua inspiração no movimento. Tenho acompanhado seu destino de maneira muito próxima nestes últimos trinta anos. Mas, ao mesmo tempo, Cambridge é afastada o bastante de Paris para tornar possível escrever uma história crítica das contribuições dos *Annales*.

---

6 Com referência aos rascunhos de Bloch, ver Mastrogregori (1989). Para outros manuscritos de Bloch, Fink (1989).

Prefácio

Embora Febvre e Braudel tenham sido excelentes políticos acadêmicos, pouco será dito, nas páginas que se seguem, sobre esse aspecto do movimento – a rivalidade entre a Sorbonne e o Hautes Études, por exemplo, ou a luta pelo poder de nomeações e sobre a elaboração dos *curricula*.[7] Resisti também, com algum remorso, à tentação de escrever um estudo etnográfico dos habitantes do 54, Boulevard Raspail,[8] seus ancestrais, os casamentos endogâmicos, as facções, as relações chefe-subordinado, os estilos de vida, as diferentes mentalidades e tantas outras coisas.

Concentrar-me-ei, em vez disso, nos melhores livros produzidos pelos membros do grupo, e tentarei avaliar sua importância na história da historiografia. Pode parecer paradoxal discutir um movimento que foi mantido coeso por uma revista, utilizando livros e não artigos.[9] Foram, porém, as monografias que produziram a longo prazo o maior impacto, quer sobre o público profissional, quer sobre o público em geral.

O movimento tem sido frequentemente discutido como se pudesse ser atribuído a apenas três ou quatro de seus membros. As realizações de Lucien Febvre, Marc Bloch, Fernand Braudel e outros são realmente espetaculares. Contudo, como no caso de muitos movimentos intelectuais, esse é um empreendimento coletivo para o qual contribuições significativas foram feitas por um bom número de indivíduos. Isso é mais óbvio no caso da terceira geração, mas também é verdadeiro para a era de Braudel, valendo mesmo para o tempo de seus fundadores. Trabalho em equipe foi um sonho de Febvre desde 1936.[10] Depois da guerra, o sonho tornou-se realidade.

---

7 Em seu livro, Couteau-Bégarie (1983) analisa de maneira bastante crua e simplista o que chama de "estratégia" dos *Annales*. Para um exemplo de Febvre como político, ver Charle/Delange (1987).
8 É o endereço da Maison des Sciences de l'Homme, da qual Braudel foi o primeiro administrador (1962). Tornou-se um dos principais centros de encontro e difusão das ideias dos membros ligados aos *Annales*. (N.T.)
9 Sobre a revista, Wesseling/Iosterhoff (1986).
10 "*Pour une histoire dirigée*", rpr (reimpressão) Febvre (1956, p.55-60).

Prefácio

Projetos de trabalho em equipe sobre a França incluíam a história da estrutura social, a história da produtividade agrícola, a história do livro no século XVIII, a história da educação, a história da habitação e mesmo um estudo dos conscritos no século XIX, com a utilização da informática. Este estudo conclui-se com uma discussão acerca das reações, entusiásticas ou críticas, ao movimento dos *Annales*, um balanço de sua acolhida em diferentes partes do mundo e por diferentes disciplinas, e uma tentativa de situá-lo na história da historiografia. Meu objetivo (apesar da relativa brevidade deste ensaio) é dar ao leitor condições de compreender o movimento como um todo.

Naturalmente, devo bastante a conversas mantidas com membros do grupo dos *Annales*, especialmente com Fernand Braudel, Emmanuel Le Roy Ladurie, Jacques Le Goff, Michel Vovelle, Krzystof Pomian, Roger Chartier e Jacques Revel, em Paris ou também em locais mais exóticos, do Taj Mahal ao Emmanuel College.

Gostaria de agradecer à minha esposa, Maria Lúcia, a meu editor, John Thompson, e a Roger Chartier, por seus comentários aos esboços iniciais deste estudo. Sinto-me igualmente em débito com Juan Maiguashca, que acendeu meu entusiasmo pelos *Annales*, cerca de trinta anos atrás, e com os diálogos mantidos com Alan Baker, Norman Birnbaum, John Bossy, Stuart Clark, Robert Darnton, Clifford Davies, Natalie Davis, Javier Gil Pujol, Carlo Ginzburg, Ranajit Guha, Eric Hobsbawm, Gábor Klaniczay, Geoffrey Parker, Gwyn Prins, Carlos Martinez Shaw, Ivo Schoffer, Henk Wesseling e outros que, como eu, tentaram mesclar seu envolvimento com os *Annales* com uma certa distância crítica.

1
O Antigo Regime na Historiografia e seus críticos

Lucien Febvre e Marc Bloch foram os líderes do que pode ser denominado Revolução Francesa da Historiografia. Para interpretar as ações dos revolucionários, contudo, é necessário conhecer alguma coisa do antigo regime que desejavam derrubar. Para sua descrição e compreensão, não é suficiente permanecer nos quadros historiográficos restritos da situação francesa do início do século, quando Febvre e Bloch eram estudantes. Torna-se necessário examinar a história da historiografia na sua longa duração.

Desde os tempos de Heródoto e Tucídides, a história tem sido escrita sob uma variada forma de gêneros: crônica monástica, memória política, tratados de antiquários, e assim por diante. A forma dominante, porém, tem sido a narrativa dos acontecimentos políticos e militares, apresentada como a história dos grandes feitos de grandes homens – chefes militares e reis. Foi durante o Iluminismo que ocorreu, pela primeira vez, uma contestação a esse tipo de narrativa histórica.[1]

---

[1] Maiores detalhes e referências em Burke (1988).

Por volta de meados do século XVIII, um certo número de escritores e intelectuais, na Escócia, França, Itália, Alemanha e em outros países, começou a preocupar-se com o que denominava a "história da sociedade". Uma história que não se limitava a guerras e à política, mas preocupava-se com as leis e o comércio, a moral e os "costumes", temas que haviam sido o centro de atenção do famoso livro de Voltaire *Essai sur les moeurs*.

Esses estudiosos abandonaram o que John Millar de Glasgow chamara "aquela face comum dos eventos que recobre os detalhes do historiador vulgar", para concentrarem-se na história das estruturas, tais como o sistema feudal ou a constituição britânica. Alguns deles dedicaram-se à reconstrução de comportamentos e valores do passado, especialmente à história do sistema de valores conhecido como "cavalaria"; outros à história da arte, da literatura e da música. Por volta do final do século, esse grupo internacional de estudiosos havia produzido um conjunto de obras extremamente importante. Alguns historiadores, como Edward Gibbon em seu *Declínio e Queda do Império Romano*, integraram à narrativa dos acontecimentos políticos esse novo tipo de história sociocultural.

Contudo, uma das consequências da chamada "Revolução Copernicana" na história ligada ao nome de Leopold von Ranke foi marginalizar, ou remarginalizar, a história sociocultural. Os interesses pessoais de Ranke não se limitavam à história política. Escreveu sobre a Reforma e a Contrarreforma e não rejeitou a história da sociedade, da arte, da literatura ou da ciência. Apesar disso, o movimento por ele liderado e o novo paradigma histórico elaborado arruinaram a "nova história" do século XVIII. Sua ênfase nas fontes dos arquivos fez com que os historiadores que trabalhavam a história sociocultural parecessem meros *dilettanti*.

Os epígonos de Ranke foram, porém, mais intolerantes que o mestre e, numa época em que os historiadores buscavam profissionalizar-se, a história não-política foi excluída da nova disciplina acadêmica.[2]

---

2 Sobre isso, consultar Gilbert (1965) e Boer (1981).

As novas revistas profissionais fundadas no final do século XIX, tais como *Historische Zeitschrift* (1865), *Revue Historique* (1876) e a *English Historical Review* (1886), concentravam-se na história dos eventos políticos. O prefácio do primeiro volume da *EHR* declarava sua intenção de dedicar-se aos temas da "Política e do Estado". Os ideais dos novos historiadores profissionais foram sistematizados em compêndios sobre o método histórico, como o dos historiadores franceses Langlois e Seignobos, *Introduction aux études historiques* (1897). Mesmo no século XIX, alguns historiadores foram vozes discordantes. Michelet e Burckhardt, que escreveram suas histórias sobre o Renascimento mais ou menos na mesma época, 1865 e 1860, respectivamente, tinham uma visão mais ampla da história do que os seguidores de Ranke. Burckhardt interpretava a história como um campo em que interagiam três forças – o Estado, a Religião e a Cultura –, enquanto Michelet defendia o que hoje poderíamos descrever como uma "história da perspectiva das classes subalternas", em suas próprias palavras "a história daqueles que sofreram, trabalharam, definharam e morreram sem ter a possibilidade de descrever seus sofrimentos" (Michelet, 1842, p.8).

Não podemos esquecer que a obra-prima do velho historiador francês Fustel de Coulanges, *A Cidade Antiga* (1864), dedicava-se antes à história da religião, da família e da moralidade, do que aos eventos e à política. Marx também oferecia um paradigma histórico alternativo ao de Ranke. Segundo sua visão histórica, as causas fundamentais da mudança histórica deveriam ser encontradas nas tensões existentes no interior das estruturas socioeconômicas.

Os historiadores econômicos foram, talvez, os opositores mais bem organizados da história política. Gustav Schmoller, professor em Estrasburgo, nesse tempo pertencente à Alemanha (1872), por exemplo, foi o cabeça de uma importante escola histórica. Uma revista de história social e econômica foi criada em 1893, a *Vierteljahrschrift fur Sozial – und Wirschaftsgeshichte*. Na Grã-Bretanha, alguns estudos clássicos de história econômica, como os de William Cunnigham,

Growth of English Trade, e J.E. Thorold Roger, *Six Centuries of Work and Wages*, datam de 1882 e 1884, respectivamente (Coleman, 1987, p.38 ss.). Henri Hauser, Henri Sée e Paul Mantoux, na França, começaram a escrever sobre história econômica no final do século XIX (Hauser; 1899; Sée, 1901; Mantoux, 1906).

O domínio, ou como dizia Schmoller, o "imperialismo" da história política, era frequentemente contestado na última parte do século XIX. J.R. Green abria sua *Short History of English People* afirmando claramente ter "devotado mais espaço a Chaucer do que a Crécy, a Caxton do que à insignificante disputa entre os yorkistas e lancastreanos, à lei dos pobres de Elisabete do que à sua vitória de Cadiz, à Reforma Metodista do que à fuga do Jovem Pretendente (Charles Edward Stuart)".[3]

Os fundadores da nova disciplina, a sociologia, expressavam pontos de vista semelhantes. Augusto Comte ridicularizava o que chamava de "insignificantes detalhes estudados infantilmente pela curiosidade irracional de compiladores cegos de anedotas inúteis", e defendia o que chamou, numa frase famosa, "uma história sem nomes" (Comte, 1864, lição 52). Herbert Spencer queixava-se de que "As biografias dos monarcas (e nossas crianças aprendem pouco mais do que isso) pouco esclarecem a respeito da ciência da sociedade" (Spencer, 1861, p.26 ss.). Da mesma maneira, Durkheim despreza os acontecimentos particulares, nada mais do que "manifestações superficiais"; a história aparente mais do que a história real de uma determinada nação (Durkheim, 1896, p.v.).

Por volta de 1900, as críticas à história política eram particularmente agudas, e as sugestões para sua substituição, bastante férteis.[4] Na Alemanha, nesses anos, ocorreu a chamada "controvérsia de Lamprecht". Karl Lamprecht, professor em Leipzig, colocava em

---
[3] Como Himmelfarb (1987, p.152) assinala, o texto de Green desmente algumas dessas afirmações.
[4] Cf. Iggers (1975, p.27 ss.), sobre o que ele denomina "A crise da concepção convencional da História 'científica'".

oposição à história política – nada mais do que uma história de indivíduos – a história cultural ou econômica, considerada a história do povo. Em outra ocasião, definiu a história "primordialmente como uma ciência sociopsicológica".[5]

Nos Estados Unidos, o famoso estudo de Frederick Jackson Turner sobre "o significado da fronteira na história americana" (1893) produziu uma clara ruptura com a história dos acontecimentos políticos, ao passo que, no início do novo século, um movimento foi lançado por James Harvey Robinson sob a bandeira da "Nova História". De acordo com Robinson, "História inclui qualquer traço ou vestígio das coisas que o homem fez ou pensou, desde o seu surgimento sobre a terra". Por método, "A Nova História deverá utilizar-se de todas as descobertas sobre a humanidade, que estão sendo feitas por antropólogos, economistas, psicólogos e sociólogos".[6]

Nessa mesma época, na França, a natureza da história tornou-se o objeto de um intenso debate. A estreiteza intelectual do *establishment* histórico não deve ser, porém, exagerada. O fundador da *Revue Historique*, Gabriel Monod, conciliava seu entusiasmo pela "história científica" alemã com sua admiração por Michelet, a quem conhecera pessoalmente e cuja biografia escrevera. Era por sua vez admirado por seus alunos Hauser e Febvre.

Por outro lado, Ernest Lavisse, um dos mais importantes historiadores em atividade na época, era o editor geral da História da França, publicada em dez volumes, entre 1900 e 1912. Seus interesses pessoais estavam voltados para a história política, de Frederico, o Grande, a Luís XIV. Contudo, a concepção histórica subjacente a esses dez volumes era muito mais abrangente. A seção introdutória foi escrita por um geógrafo, o volume dedicado ao Renascimento, por um historiador da cultura, e o próprio balanço da época de Luís XIV, escrito por Lavisse, dedicou parte substancial às artes e, parti-

---

5 Lamprecht (1894), prefácio: Lamprecht (1904). Sobre ele, ver Weintraub (1966, cap. 4).
6 Robinson (1912). A seu respeito, ver Hendricks (1946).

cularmente, à política das artes.[7] Portanto, é inexato pensar que os historiadores profissionais desse período estivessem exclusivamente envolvidos com a narrativa dos acontecimentos políticos.

De qualquer forma, os historiadores eram vistos dessa maneira pelos cientistas sociais. O desprezo de Durkheim pelos eventos já foi mencionado; seu seguidor, o economista François Simiand, foi mais longe nesse sentido, quando, num famoso artigo, atacou o que chamou de "os ídolos da tribo dos historiadores". Segundo ele, havia três ídolos que deveriam ser derrubados: "o ídolo político", "a eterna preocupação com a história política, os fatos políticos, as guerras etc., que conferem a esses eventos uma exagerada importância"; o "ídolo individual", isto é, a ênfase excessiva nos chamados grandes homens, de forma que mesmo estudos sobre instituições eram apresentados como "Pontchartrain e o Parlamento de Paris", ou coisas desse gênero; e, finalmente, o "ídolo cronológico", ou seja, "o hábito de perder-se nos estudos das origens" (Simiand, 1903).

Os três temas seriam caros aos *Annales*, e a eles retornaremos. O ataque aos ídolos da tribo dos historiadores fazia uma referência particular a um dos chefes tribais, o protegido de Lavisse, Charles Seignobos, professor da Sorbonne e coautor de uma das mais conhecidas introduções ao estudo da história.[8] Talvez tenha sido por essa razão que Seignobos se transformou no símbolo de tudo aquilo a que os reformadores se opunham. De fato, ele não era exclusivamente um historiador político, pois escrevera também sobre civilização. Estava interessado na relação entre a história e as ciências sociais, embora não tivesse a mesma visão dessa relação que Simiand ou Febvre. Estes publicaram duras críticas a seu trabalho. A crítica de Simiand apareceu numa nova revista, a *Revue de Synthèse Historique*, fundada por um grande empreendedor intelectual, Henri Berr. Sua intenção, encorajar historiadores a colaborar com outras discipli-

---

7 Lavisse (1900-1912). O geógrafo era Paul Vidal de la Blache e o Historiador cultural, Henri Lemonnier. Sobre Lavisse, Boer (1987).
8 Langlois e Seignobos (1897). A seu respeito, ver Boer (1987).

nas, especialmente com a psicologia e a sociologia, na esperança de produzir o que ele chamava de "psicologia histórica" ou "coletiva" (Siegel, 1983). Em outras palavras, o que os americanos chamam de "psico-história" é consideravelmente anterior aos anos 50 e ao famoso estudo de Erik Erikson sobre o *Young Man Luther* (Erikson, 1954).

O ideal de Berr, uma psicologia histórica construída através de uma cooperação interdisciplinar, teve grande ressonância em dois jovens que escreveram para a sua revista. Seus nomes: Lucien Febvre e Marc Bloch.

2
Os Fundadores: Lucien Febvre e Marc Bloch

O movimento dos *Annales*, em sua primeira geração, contou com dois líderes: Lucien Febvre, um especialista no século XVI, e o medievalista Marc Bloch. Embora fossem muito parecidos na maneira de abordar os problemas da história, diferiam bastante em seu comportamento. Febvre, oito anos mais velho, era expansivo, veemente e combativo, com uma tendência a zangar-se quando contrariado por seus colegas; Bloch, ao contrário, era sereno, irônico e lacônico, demonstrando um amor quase inglês por qualificações e juízos reticentes.[1] Apesar, ou por causa dessas diferenças, trabalharam juntos durante vinte anos entre as duas guerras.[2]

I Os anos iniciais

Em 1897, Lucien Febvre foi admitido na Escola Normal Superior, então separada da Universidade de Paris. Era uma pequena escola

---
1 Sobre Febvre como "combativo e veemente", ver Braudel (p.15).
2 Algumas divergências são anotadas por Fink (1989, p.185, 200, 161).

superior, mas muito qualificada intelectualmente, sendo conhecida como "o equivalente francês do Jowett's Balliol" (Lukes, 1973, p.45). Aceitava pouco menos de quarenta alunos por ano e era organizada segundo as linhas tradicionais da escola pública britânica (os estudantes eram todos internos e a disciplina, rígida) (Peyrefitte, 1946). O ensino era ministrado através de seminários dirigidos por professores altamente competentes nas diferentes disciplinas, e através de aulas expositivas. Aparentemente, Febvre foi "alérgico" ao filósofo Henri Bergson, embora muito tenha aprendido com quatro de seus colegas.[3]

Um deles foi Paul Vidal de la Blache, um geógrafo interessado em colaborar com historiadores e sociólogos. Fundou uma nova revista, os *Annales de Géographie* (1891), visando a incentivar essa aproximação.[4] O segundo desses professores foi o filósofo e antropólogo Lucien Lévy-Bruhl, criador do conceito de "pensamento pré-lógico" ou "mentalidade primitiva", um tema que surgiria nos trabalhos de Febvre na década de 30. O terceiro foi o historiador da arte Émile Mâle, um dos pioneiros a concentrar-se não na história das formas, mas na das imagens, na "iconografia", como dizemos hoje. Seu famoso estudo sobre a arte religiosa do século XIII foi publicado em 1898, o mesmo ano em que Febvre ingressou na Escola. Finalmente, havia o linguista Antoine Meillet, um aluno de Durkheim particularmente interessado nos aspectos sociais da língua. A admiração de Febvre por Meillet e seu interesse pela história social da língua evidenciam-se claramente nas inúmeras resenhas de livros de linguistas que escreveu entre 1906 e 1926 para a *Revue de Synthèse Historique*, de Henri Berr.[5]

Febvre reconheceu também seu débito para com inúmeros historiadores anteriores. Durante toda a vida expressou sua admiração

---

3 A respeito de Febvre e Bergson, ver Braudel (1972, p.465).
4 Sobre Vidal, Buttimer (1971, p.43 ss.).
5 *Revue de Synthèse Historique* 12 (1906, p.249-61); 23 (1911, p.131-47); 27 (1913, p.52-65); 38 (1924, p.37-53); 42 (1926, p.19-40).

pela obra de Michelet. Reconheceu Burckhardt como um de seus "mestres", juntamente com o historiador da arte Louis Courajod. Confessa também uma surpreendente influência, a do político de esquerda Jean Jaurès, através de sua obra *Histoire socialiste de la révolution française* (1901-3), "tão rica em intuições sociais e econômicas" (Febvre, 1922, p.vi. Cf. Venturi, 1966, p.5-70).

A influência de Jaurès pode ser constatada na tese de doutoramento de Febvre – um estudo sobre sua própria região, a Franche-Comté, a área em torno de Besançon, no final do século XVI, quando era governada por Felipe II, da Espanha. O título da tese, *Philippe il et la Franche-Comté*, mascara o fato de ser uma importante contribuição tanto à história sociocultural quanto à história política. Preocupava-se não somente com a revolta dos Países Baixos e a ascensão do absolutismo, mas também com a "feroz luta entre duas classes rivais", a decadente e endividada nobreza e a ascendente burguesia de advogados e mercadores, que adquiria suas propriedades. Esse esquema interpretativo se assemelha ao marxista; Febvre, porém, difere profundamente de Marx ao descrever a luta entre os dois grupos "como um conflito de ideias e sentimentos tanto quanto um conflito econômico" (Febvre, 1911, p.323). Sua interpretação desse conflito, e mesmo da história em geral, não diferia da de Jaurès, que se dizia "ao mesmo tempo, materialista com Marx e místico com Michelet", reconciliando as forças sociais com as paixões individuais (Jaurès, 1901, p.65 ss.).

Outra característica marcante e poderosa do estudo de Febvre era a introdução geográfica, que traçava um nítido perfil dos contornos da região. A introdução geográfica, que era quase *de rigueur (obrigatória) nas monografias provinciais da escola dos Annales* na década de 60, pode ter sido modelada pelo famoso *Mediterrâneo* de Braudel, mas não tem nele suas origens.

O interesse de Febvre pela geografia histórica era suficientemente grande para publicar, sob o incentivo de Henri Berr, um estudo geral sobre o assunto com o título de *La terre et l'évolution humaine*. Esse trabalho havia sido planejado antes da Primeira Guerra Mundial, mas teve de ser interrompido quando o autor trocou as funções de professor universitário pelas de capitão de uma companhia de artilharia. Terminada a guerra, Febvre retornou ao seu estudo, auxiliado agora por um colaborador, que foi publicado em 1922.

Esse extenso estudo, que aborreceu alguns geógrafos profissionais por ser o trabalho de um não-especialista, era o desenvolvimento das ideias do antigo professor de Febvre, Vidal de la Blache.

De outro modo, foi importante para Febvre o geógrafo alemão Ratzel. O historiador francês era uma espécie de ostra intelectual, que elaborava mais facilmente suas ideias quando irritado pelas conclusões de algum colega. Ratzel foi um dos pioneiros da geografia humana (*Anthropogéographie*, como ele chamava); atribuía, porém, diferentemente de Vidal de la Blache, maior influência ao meio físico sobre o destino humano.[6]

Nesse debate em que o determinismo geográfico opunha-se à liberdade humana, Febvre apoiou firmemente Vidal e atacou Ratzel, enfatizando a variedade de possíveis respostas aos desafios de um dado meio. Segundo ele, não havia necessidades, existiam possibilidades (Febvre, 1922, p.284). Para citar um dos exemplos favoritos de Febvre: um rio pode ser tratado por uma sociedade como uma barreira, mas por outra, como um meio de transporte. Em última análise, não é o ambiente físico que determina a opção coletiva, mas o homem, sua maneira de viver, seu comportamento. Mesmo as atitudes religiosas aí se incluíam. Numa discussão sobre rios e meios de transporte, Febvre não se esqueceu de discutir as rotas dos peregrinos (Idem, p.402 ss.).

A carreira de Bloch não foi muito diferente da de Febvre. Frequentou também a École Normale, onde seu pai Gustavo ensinava história antiga. Aprendeu, igualmente, com Meillet e Lévy-Bruhl; contudo, como comprova a análise de suas últimas obras, sua maior

---

6 Sobre Ratzel, ver Buttimer (1971, p.27 ss.).

Os Fundadores: Lucien Febvre e Marc Bloch

influência foi a do sociólogo Émile Durkheim, que iniciou sua carreira de professor na École mais ou menos na época de seu ingresso. Ele mesmo um egresso da École, aprendeu a levar a história com seriedade através de seus estudos com Fustel de Coulanges (Lukes, 1973, p.58 ss.). Em sua maturidade, Bloch reconheceu sua profunda dívida com a revista de Durkheim, *Année Sociologique*, lida entusiasticamente por um grande número de historiadores de sua geração, tais como Louis Gernet, dedicado ao estudo das letras clássicas, e o sinologista Mareei Granet.[7]

Apesar de seu interesse pela política contemporânea, Bloch optou por especializar-se em história medieval. Como Febvre, interessava-se pela geografia histórica, tendo por especialização a Île-de-France, sobre a qual publicou um estudo em 1913. Esse estudo revela que, como Febvre, Bloch pensava no tema sob a perspectiva de uma história-problema. Num estudo de caráter regional, aprofundou-se tanto a ponto de pôr em questão a própria noção de região, argumentando que esta dependia do problema que se tinha em mente. "Por que, escreveu ele, devemos esperar que o jurista interessado no feudalismo, o economista que está estudando a evolução da propriedade no interior do país nos tempos modernos, e o filólogo que trabalha os dialetos populares tenham todos que respeitar fronteiras precisamente idênticas?" (Bloch, 1913, p.122).

O compromisso de Bloch com a geografia era menor do que o de Febvre, embora seu compromisso com a sociologia fosse maior. Contudo, ambos estavam pensando de uma maneira interdisciplinar. Bloch, por exemplo, insistia na necessidade de o historiador regional combinar as habilidades de um arqueólogo, de um paleógrafo, de um historiador das leis, e assim por diante (Idem, p.60-1). Esses dois homens tinham necessariamente de encontrar-se. A oportunidade ocorreu por ocasião de suas nomeações para cargos na Universidade de Estrasburgo.

---

7 Cf. Bloch em *Annales* (1935, p.393). "À velha revista l'*Année* os historiadores de minha geração devem mais do que confessam."

II Estrasburgo

Ambiente – O período de encontros diários, em Estrasburgo, entre Bloch e Febvre durou apenas treze anos, de 1920 a 1933; foi, porém, de vital importância para o movimento dos *Annales*. Mais importante ainda pelo fato de que ambos estavam cercados por um grupo interdisciplinar extremamente atuante. Daí a importância de realçar-se o ambiente em que se formou o grupo.

Nos anos que se seguiram à Primeira Guerra Mundial, Estrasburgo era efetivamente uma nova universidade, pois a cidade vinha de ser recentemente desanexada da Alemanha, criando um ambiente favorável à inovação intelectual e facilitando o intercâmbio de ideias através das fronteiras disciplinares.[8]

Quando Febvre e Bloch se encontraram em 1920, logo após as suas nomeações como professor e *maître de conférences* respectivamente, logo tornaram-se amigos (Febvre, 1945, p.393). Suas salas de trabalho eram contíguas, e as portas permaneciam abertas (Febvre, 1953, p.393). Em suas infindáveis discussões participavam colegas como o psicólogo social Charles Blondel, cujas ideias eram importantes para Febvre, e o sociólogo Maurice Halbwachs, cujo estudo sobre a estrutura social da memória, publicado em 1925, causou profunda impressão em Bloch.[9]

Outros membros da faculdade de Estrasburgo participaram, ou vieram a participar, das preocupações de Febvre e Bloch. Henri Bremond, autor da monumental *Histoire littéraire du sentiment religieux en France depuis la fin des guerres de religion* (1916-1924), lecionou em Estrasburgo durante o ano de 1923. Sua preocupação com a

---

[8] Em relação às reminiscências de Estrasburgo dessa época, ver Baulig (1957-8) e Dollinger in Carbonell-Livet (1983, p.65 ss.). Por ter lecionado em uma universidade nova no início de minha carreira (Sussex, nos primeiros anos da década de 60), posso dar testemunho da excitação intelectual e o estimulo à renovação existentes em tais ambientes.

[9] A respeito de Blondel, ver Febvre (1953, p.370-5). Halbwachs (1925), obra discutida por Febvre in *Revue de Synthése Historique*, 40 (1925, p.73-83).

psicologia histórica inspirou Febvre em sua obra sobre a Reforma.[10] O historiador da Revolução Francesa, Georges Lefebvre, cujo interesse pela história das mentalidades era muito próximo do dos fundadores dos *Annales*, aí lecionou de 1928 a 1937. Não é gratuito sugerir que a ideia do famoso estudo de Lefebvre sobre "o grande medo de 1789" deve alguma coisa ao ensaio anterior de Bloch sobre o rumor.[11] Lecionaram também em Estrasburgo: Gabriel Le Bras, um pioneiro da sociologia histórica das religiões, e André Piganiol, cujo ensaio sobre os jogos romanos, publicado em 1923, revela um interesse pela antropologia semelhante ao de Bloch na sua obra *Les Rois Thaumaturges*, editada um ano depois.[12]

Les Rois Thaumaturges merece ser considerada uma das grandes obras históricas do nosso século.[13] Seu tema é a crença, muito difundida na Inglaterra e na França, da Idade Média até o século XVIII, de que os reis tinham o poder de curar os doentes de escrófula, uma doença da pele conhecida como o "mal dos reis", através do toque real, que se fazia acompanhar de um ritual com essa finalidade.

O tema pode ainda parecer relativamente marginal, e certamente o foi na década de 20; Bloch faz uma referência irônica a um colega inglês que comentara esse "seu curioso desvio" (Bloch, 1924, p.18). Para Bloch, muito ao contrário, o toque real não era um desvio, mas uma estrada principal, em verdade *une voie royale* em todos os sentidos. Era um ensaio profundo que lançava luz sobre importantes problemas. O autor considerava seu livro, com alguma razão, uma contribuição à história política da Europa no sentido mais amplo e verdadeiro do termo "político", pois nele analisava a ideia de monarquia. "O milagre real foi acima de tudo a expressão de uma concepção particular do poder político supremo" (Idem, p.21, 51).

---

10 Febvre (1953) discute Bremond em seis ocasiões.
11 Lefebvre (1932); M. Bloch, *Revue de Synthèse Historique* (1921).
12 Piganiol (1923, especialmente p.103 ss., 141 ss.). A seu respeito, ver Hartog in Carbonell-Livet (1983, p.41...).
13 Ver boas discussões sobre isso in Ginzburg (1965) e Le Goff (1983).

Les Rois Thaumaturges – *Les Rois Thaumaturges* foi notável em pelo menos três outros aspectos. Primeiro, porque não se limitava a um período histórico convencional, a Idade Média. Seguindo o conselho que mais tarde formularia em termos gerais em seu *Métier d'historien*, Bloch escolheu o período para localizar o problema, o que significava que tinha de escrever "a história da longa-duração", como foi chamada por Braudel uma geração depois. Tal perspectiva conduziu Bloch a conclusões interessantes; uma das mais importantes foi a de constatar que o ritual do toque não apenas sobreviveu no século XVII, a época de Descartes e de Luís XIV, mas nele floresceu como jamais, pelo menos no sentido de que Luís XIV tocou um número maior de doentes do que seus predecessores. Não era, pois, um mero "fóssil" (Idem, p.21, 360 ss.).

Em segundo lugar, o livro era uma contribuição ao que Bloch denominava "psicologia religiosa". O núcleo central do estudo era a história dos milagres e concluía com uma discussão explícita do problema de como explicar que o povo pudesse acreditar em tais "ilusões coletivas" (Idem, p.420 ss.). Observou ainda que alguns doentes retornavam para serem tocados uma segunda vez, o que sugere que sabiam ter o tratamento fracassado, mas que o fato não destruía sua fé. "O que criava a fé no milagre era a ideia de que deveria haver um milagre" (Idem, p.429). Na famosa frase do filósofo Karl Popper, formulada poucos anos depois, a crença não era "falsificável" (Popper, 1935, p.440 ss.).

Esse tipo de discussão sobre a psicologia da crença não era algo que se podia esperar de um estudo histórico nos anos 20. Era um tema para psicólogos, sociólogos ou antropólogos. De fato, Bloch discutiu seu livro com seu colega de Estrasburgo Charles Blondel, como também com Febvre (Bloch, 1924, p.vi). Bloch conhecia também o trabalho de James Frazer, e o que o *Golden Bough* tinha a dizer sobre a monarquia sagrada, da mesma maneira que sabia o que Lévy-Bruhl dissera sobre a "mentalidade primitiva" (Idem, p.421n). Embora Bloch não se utilizasse frequentemente do termo, seu livro foi uma obra pioneira para o que hoje designamos de história "das mentalidades". Pode também ser descrito como um ensaio de sociologia histórica, ou antropologia histórica, por focalizar os sistemas de crença – e também de sociologia do conhecimento.

A frase com que Bloch descreveu mais de uma vez seu livro foi "representações coletivas", que é bastante associada ao sociólogo Émile Durkheim, tanto quanto a frase "fatos sociais", encontrável também nas páginas de sua obra (Idem, p.21, 51, 409). Em verdade, sua maneira de abordar o tema deve muito a Durkheim e a sua escola (Febvre, 1945, p.392; Rhodes, 1978). Sob um aspecto, pelo menos, pode ser criticado, talvez tardiamente, por ter sido durkheiminiano um pouco demais.

Embora tenha sido cuidadoso ao registrar as dúvidas sobre o toque real expressas durante o longo período coberto por seu livro, ainda assim Bloch cria uma impressão de consenso muito forte, talvez em virtude de não oferecer nenhuma discussão sistemática da espécie de povo que acreditava (ou, em certas oportunidades, desacreditava); ou dos grupos cujo interesse era que outros acreditassem no toque real. Não discute o fenômeno em termos ideológicos. É claro que se deve observar que nos dias de Bloch o conceito de "ideologia" era usado de uma maneira simples e reducionista. Como hoje não mais ocorre, é difícil imaginar que um historiador ligado aos *Annales*, Georges Duby, por exemplo, pudesse discutir o problema do toque real sem recorrer a esse conceito.

Um terceiro aspecto que enfatiza a importância do estudo de Bloch é o que seu autor chama de "história comparativa". Algumas comparações são feitas com sociedades distantes da Europa, como a Polinésia, embora sejam feitas de passagem e com extrema cautela: ("não transfiramos os Antípodas para Paris ou Londres") (Bloch, 1924, p.52 ss., 421n). A comparação entre a França e a Inglaterra, porém, é central no livro, os dois únicos países em que o toque real era praticado. Acrescente-se, porém, que a comparação é feita de maneira a permitir a constatação das diferenças.

Em resumo, Bloch já utilizava, em 1924, o que iria pregar quatro anos mais tarde num artigo chamado "Por uma história comparativa das sociedades europeias". Nele o autor defende o que chama de "uso mais competente e mais geral" do método comparativo, distinguindo o estudo das similaridades entre sociedades do estudo das suas diferenças, e o estudo das sociedades vizinhas no tempo e no espaço do das sociedades distantes entre si, recomendando, porém, que os historiadores praticassem ambas as perspectivas" (Bloch, 1928).

Febvre, o Renascimento e a Reforma – Depois de completar seu antigo projeto de geografia histórica, Febvre, tal qual Bloch, mudou o rumo de seus interesses para o estudo de atitudes coletivas, ou "psicologia histórica", como ele, da mesma maneira que seu amigo Henri Berr, denominou esse tipo de trabalho.[14] Até o fim de sua vida, concentrou o melhor de seu trabalho de pesquisa na história do Renascimento e da Reforma, especialmente na França.

Essa fase de sua carreira iniciou-se com quatro conferências sobre os primórdios do Renascimento francês, uma biografia de Lutero e um artigo polêmico sobre as origens da Reforma francesa, a qual descreveu como "uma questão mal posta". Todos esses trabalhos referiam-se à história social e à psicologia coletiva.

As conferências sobre o Renascimento, por exemplo, rejeitavam as explicações tradicionais defendidas pelos historiadores da arte e da literatura (inclusive por seu velho mestre Émile Mâle), que realçavam a evolução interna do movimento. Em compensação, Febvre oferecia uma explicação social dessa "revolução", realçando o que se poderia chamar de "demanda" de novas ideias e, tal como em sua tese sobre a Franche-Comté, a ascensão da burguesia (Febvre, 1962, p.529-603, particularmente p.573, 581).

De maneira semelhante, o artigo de Febvre sobre a Reforma critica os historiadores religiosos por tratarem o episódio como essencialmente

---

14 Febvre (1953) sugere que seu interesse foi encorajado pela leitura do livro de Stenthal sobre a Itália.

vinculado aos "abusos" institucionais e a intenção de reformá-los, mais do que como "uma profunda revolução do sentimento religioso". De acordo com Febvre, a razão dessa revolução deveria ser buscada, ainda uma vez, na ascensão da burguesia, que "necessitava de... uma religião que fosse transparente, racional, humana e amavelmente fraternal" (Febvre, 1929, rpr Febvre, 1957, p.38 e 1973, p.66).[15] A invocação da burguesia parece hoje um pouco recorrente, mas o intento de ligar a religião à história social permanece inspirador.

Pode-se ficar surpreso ao deparar com Febvre escrevendo uma biografia histórica nesse momento de sua carreira. Contudo, no prefácio de seu estudo sobre Lutero, o autor previne que não se trata de uma biografia, mas da tentativa de resolver um problema, a saber, "o problema da relação entre o indivíduo e o grupo, entre a iniciativa pessoal e a necessidade social". Constatou a existência, em 1517, de seguidores potenciais de Lutero, a burguesia de novo, um grupo social que adquiria "um novo sentido de importância social" e que facilmente se ressentia da intermediação clerical entre Deus e o homem. Mas ao mesmo tempo recusou-se a reduzir as ideias de Lutero a um reflexo dos interesses da burguesia. Pelo contrário, defendia que essas ideias criativas nem sempre eram apropriadas para a sua posição social e tiveram que ser adaptadas às necessidades e à mentalidade da burguesia pelos seguidores de Lutero, especialmente por Melanchton (Febvre [1928], p.104 ss., 287 ss.).[16]

Deve ter sido óbvio, nesse momento, que certos temas são recorrentes na obra de Febvre e também que há uma tensão criativa entre sua fascinação pelos indivíduos e sua preocupação com grupos sociais – como havia entre seu profundo interesse em escrever uma história social da religião e seu igualmente forte desejo de não reduzir atitudes e valores espirituais a meras expressões de transformações na economia ou na sociedade.

---

15 A frase de Febvre relembra o título do famoso estudo de Henri Bremond, cuja importância para ele já foi assinalada anteriormente (ver p.30).
16 Sobre os meios de combinar a nova história com biografia, ver Le Goff (1989).

III A criação dos *Annales*

Logo depois do final da Primeira Guerra Mundial, Febvre idealizou uma revista internacional dedicada à história econômica, que seria dirigida pelo grande historiador belga Henri Pirenne. O projeto encontrou grandes dificuldades, tendo sido abandonado. Em 1928, foi Bloch quem tomou a iniciativa de ressuscitar os planos de uma revista (uma revista francesa, agora), obtendo sucesso em seu projeto (Febvre, 1945, p.398 ss.; Leuilliot, 1973, p.317 ss.; Fink, 1989, cap.7). Novamente, foi solicitado que Pirenne dirigisse a revista; contudo, em virtude de sua recusa, Febvre e Bloch tornaram-se os editores.

Originalmente chamada *Annales d'histoire économique et sociale*, tendo por modelo os *Annales de Géographie* de Vidal de la Blache, a revista foi planejada, desde o seu início, para ser algo mais do que uma outra revista histórica. Pretendia exercer uma liderança intelectual nos campos da história social e econômica.[17] Seria o porta-voz, melhor dizendo, o alto-falante de difusão dos apelos dos editores em favor de uma abordagem nova e interdisciplinar da história.

O primeiro número surgiu em 15 de janeiro de 1929. Trazia uma mensagem dos editores, na qual explicavam que a revista havia sido planejada muito tempo antes, e lamentavam as barreiras existentes entre historiadores e cientistas sociais, enfatizando a necessidade de intercâmbio intelectual.[18] O comitê editorial incluía não somente historiadores, antigos e modernos, mas também um geógrafo (Albert Demangeon), um sociólogo (Maurice Halbwachs), um economista

---

17 "Pretendemos criar uma revista que possa exercer, no domínio dos estudos da história social e econômica, um papel diretivo" (Febvre, 1928, cit. em Leuilliot, p.319).

18 *Annales* 1, p.1. Conf. as cartas de Febvre da época em que afirma a "necessidade de pôr abaixo os compartimentos" e sobre a função da revista "como agente de ligação entre geógrafos, economistas, historiadores, sociólogos etc." (Leuilliot, 1973, p.321).

(Charles Rist), um cientista político (André Siegried, um antigo discípulo de Vidal de la Blache).[19] Os historiadores econômicos predominaram nos primeiros números: Pirenne, que escreveu um artigo sobre a educação dos mercadores medievais; o historiador sueco Eli Heckscher, autor do famoso estudo sobre o mercantilismo; e o americano Earl Hamilton, muito conhecido por suas obras sobre as finanças americanas e sobre a revolução dos preços na Espanha. Nessa ocasião, a revista tinha a feição de um equivalente francês, ou de uma rival, da *Economic History Review* inglesa. Contudo, em 1930, declarava-se a intenção de a revista estabelecer-se "sobre o terreno mal amanhado da história social".[20] Preocupava-se também com o problema do método no campo das ciências sociais, tal como a *Revue de Synthèse Historique*.

O realce atribuído à história econômica sugere que Bloch era o coeditor predominante nos primeiros anos. Mas seria temerário, sem se conhecer toda a sua correspondência, muito da qual ainda não publicada, tentar adivinhar quem foi mais importante na criação dos *Annales* depois de 1929, ou mesmo como dividiam entre si as tarefas de dirigir a revista. O que se pode afirmar com bastante convicção é que, se Febvre e Bloch não concordassem no fundamental de seu trabalho comum, o movimento não teria sido um sucesso. Apesar disso, as contribuições históricas dos dois parceiros, depois de 1929, devem ser analisadas separadamente.

A obra de Bloch sobre história rural e feudalismo – A carreira de Bloch foi mais curta, violentamente cortada pela guerra. Na última década de sua carreira acadêmica, escreveu alguns estudos circunstanciais e dois livros importantes. Os artigos incluíam um estudo sobre o moinho de água e os obstáculos culturais e sociais para a sua difusão; e reflexões sobre as mudanças tecnológicas "como

---

19 Pomian (1986, p.385), sugere que Pirenne, Rist e Siegfried desempenhavam um papel apenas honorífico.
20 *Annales* 2 (p.2). Conf. uma carta de Bloch citada por Leuilliot (1973, p.318): "nós nos atemos ao termo social".

um problema de psicologia coletiva" (Bloch, 1967). Por ser Bloch, frequentemente, identificado como um historiador econômico, vale a pena dar atenção ao seu interesse pela psicologia, bastante óbvio não só no *Les Rois Thaumaturges*, mas também significativo em sua conferência sobre a mudança tecnológica, pronunciada para um grupo de psicólogos profissionais e onde pregava a colaboração entre as duas disciplinas (Bloch, 1948).

O melhor de seus esforços, porém, foi despendido na elaboração de seus dois grandes livros. Em primeiro lugar, seu estudo sobre a história rural francesa. A origem do livro está numa série de conferências pronunciadas em Oslo, sob o auspício do Instituto de Estudo Comparativo das Civilizações (Febvre, 1952, "*Advertissement au lecteur*"). Mas, num certo sentido, era o desdobramento, no tempo e no espaço, de sua tese sobre a população rural da Île-de-France, na Idade Média, que havia sido planejada antes da Primeira Guerra e abandonada por ter de se apresentar ao exército. O livro, publicado em 1931, tem um pouco mais de duzentas páginas, um ensaio breve sobre um grande tema, que revela de maneira clara a competência do autor para produzir sínteses e para ir direto ao coração de um problema.

O ensaio foi e é importante por um bom número de razões. Do mesmo modo que *Les Rois Thaumaturges*, ele se desenvolve na longa duração, do século XIII ao século XVII, utilizando comparações esclarecedoras e contrastes entre a França e a Inglaterra. A concepção de Bloch sobre "história agrária", definida como "o estudo associado de técnicas e costumes rurais", era incomumente ampla para a época, pois os historiadores estavam mais propensos a escrever sobre temas mais restritos como a história da agricultura, da servidão ou da propriedade agrária. Igualmente incomum era o uso sistemático de fontes não-literárias, tais como mapas cartográficos das propriedades, e sua ampla concepção de civilização agrária, um termo escolhido por realçar o fato de que a existência de diferentes sistemas agrários não poderia ser explicada apenas através do meio físico (Bloch, 1931, p.xi, 64).

Os Fundadores: Lucien Febvre e Marc Bloch

Les caractères originaux de l'histoire rurale française é mais famoso, talvez, pela aplicação do "método regressivo". Bloch encarecia a necessidade de ler a "história ao inverso", pois conhecemos mais a respeito dos últimos períodos e deve proceder-se de maneira a ir do conhecido ao desconhecido (Idem, p.xii). Bloch trabalha de maneira eficiente o método, contudo não reclama sua criação. Sob o nome de "método retrogressivo" havia já sido empregado por F. W. Maitland – um estudioso admirado por Bloch – em sua obra clássica *Domesday Book and Beyond* (1897); o "além" do título refere-se ao período anterior à realização do *Domesday Book*, em 1086.[21]

Poucos anos antes, um outro estudo sobre Inglaterra medieval chamou a atenção de Bloch; foi o livro de Frederick Seebohm *The English Village Community* (1883), que se inicia com um capítulo sobre "The English Open Field System examined in its modern remains" ("O sistema inglês de campos abertos examinado em sua modernidade permanece"), especialmente em Hitchin (onde viveu o autor), antes de voltar-se sobre a Idade Média. Mesmo o velho historiador Fustel de Coulanges, professor do pai de Bloch, Gustavo, havia empregado uma abordagem semelhante em seu livro *La cité antique* (1864), ao estudar os *gens* ou as linhagens gregas e romanas. Ele admitia que as evidências desse grupo social "datavam de um tempo em que ele nada mais era do que uma sombra de si mesmo", mas argumentava que essas últimas evidências permitiam "apreender vestígios" do que era o sistema em sua plenitude.[22] Em outras palavras, Bloch não criou o novo método. Sua tarefa foi empregá-lo de uma maneira mais consciente e sistemática do que os seus predecessores.

---

21 Bloch (1925, p.81) observa "quanto é lamentável que a obra desse grande espírito que foi F.W. Maitland seja tão pouco lida na França. (O Domesday Book resultou de um recenseamento econômico feito por ordem de Guilherme, o Conquistador)". (N.T.)

22 Fustel (1864), Livro 2, cap. 10. As referências a Maitland, Seebohm e Fustel enontram-se em Bloch (1931, p.xi-xii), elas minimizam o paralelo com o seu método regressivo, porém, em Bloch (1949), há um tributo a Maitland a esse respeito.

O segundo estudo, *La societé féodale*, é o livro pelo qual Bloch é mais conhecido. É uma ambiciosa síntese que abrange mais de quatro séculos de história europeia, vai de 900 a 1300, enfocando uma grande variedade de tópicos, muitos dos quais discutidos em outras obras: servidão e liberdade, monarquia sagrada, a importância do dinheiro e outros. Por isso, pode-se afirmar que se trata de uma obra que sintetiza o trabalho de toda a sua vida. Diferentemente de seus primeiros estudos sobre o sistema feudal, não se restringe à análise das relações entre a propriedade agrária, a hierarquia social, a guerra e o estado. Preocupa-se com a sociedade feudal como um todo, com o que hoje designaríamos "a cultura do feudalismo". Como também, ainda uma vez, com a psicologia histórica, com o que o autor chamava de "modos de sentir e de pensar". É a parte mais original do livro, consubstanciada numa discussão sobre temas como o sentido do tempo, ou melhor, a medieval "indiferença pelo tempo", ou, pelo menos, sua falta de interesse em mensurá-lo acuradamente. Dedica também um capítulo à "memória coletiva", um tema que fascinou tanto a ele quanto ao seu amigo, o sociólogo durkheiminiano Maurice Halbwachs (ver p.36).

Sem dúvida, *La societé féodale* é o seu livro mais durkheiminiano. Persiste em utilizar a linguagem da *consciência coletiva, da memória, das representações coletivas* (Bloch, 1939, p.363, 368, 379). Observações incidentais tais como a que se segue são um eco das palavras do mestre: "em toda literatura, a sociedade contempla sua própria imagem" (Idem, p.156). O livro preocupa-se com um dos temas centrais da obra de Durkheim, a coesão social. Essa forma particular de coesão, ou de "laços de dependência" (*na sociedade feudal*), é explicada de uma maneira essencialmente funcionalista, isto é, como uma adaptação às "necessidades" de um meio social específico, mais precisamente como uma resposta a três ondas de invasão – a dos viquingues, a dos muçulmanos e a dos magiares.

A preocupação de Durkheim com a comparação, a tipologia e a evolução social deixou suas marcas num capítulo ao final do livro, intitulado "O feudalismo como tipo social". Neste, Bloch afirma que o feudalismo não era um acontecimento único, mas antes uma fase recorrente da evolução social. Com sua precaução habitual, observando a necessidade de análises mais sistemáticas, não deixa de citar o Japão como uma sociedade que espontaneamente produziu, em sua essência, um sistema similar ao desenvolvido no Ocidente medieval europeu. Contudo, assinala diferenças significativas entre as duas sociedades, citando especialmente o direito de o vassalo europeu desafiar seu senhor. De todo jeito, sua preocupação com tendências recorrentes e comparações com sociedades remotas dão ao seu trabalho um caráter sociológico mais marcante do que em outros historiadores franceses de sua geração. Sendo mesmo excessivamente sociológico para o gosto de Lucien Febvre, que critica Bloch por negligenciar a análise dos indivíduos de maneira mais detalhada.

IV A institucionalização dos *Annales*

Nos anos 30 o grupo de Estrasburgo dispersou-se. Febvre deixou a cidade em 1933 para ocupar uma cátedra no prestigioso Collège de France, enquanto Bloch somente em 1936, para suceder Hauser na cadeira de história econômica da Sorbonne. Levando-se em consideração a importância de Paris para a vida intelectual francesa, essas transferências são sinais evidentes do sucesso do movimento dos *Annales*. Como também a designação de Febvre para a presidência do comitê organizador da *Encyclopédie Française*, uma ambiciosa aventura interdisciplinar cuja publicação iniciou-se em 1935. Um dos volumes mais notáveis foi o editado pelo antigo professor de Febvre, Antoine Meillet, dedicado ao que se pode chamar de "instrumental intelectual" (*outillage mental*). Pode-se afirmar que esse volume lançou as bases para o nascimento da história das mentalidades. Deve-se, contudo, assinalar que, nessa mesma época, Georges Lefebvre, antigo colega de Febvre em Estrasburgo, publicou um artigo que se tornaria famoso sobre o estudo das multidões revolucionárias e sua mentalidade coletiva. A motivação para esse artigo foi sua oposição ao menosprezo votado por Gustave Lebon, um psicólogo conservador, ao comportamento dito irracional das multidões. Georges Lefebvre tentou, ao contrário, mostrar a lógica de suas ações.

Pouco a pouco os *Annales* converteram-se no centro de uma escola histórica. Foi entre 1930 e 1940 que Febvre escreveu a maioria de seus ataques aos especialistas canhestros e empiricistas, além de seus manifestos e programas em defesa de "um novo tipo de história" associado aos *Annales* – postulando por pesquisa interdisciplinar, por uma história voltada para problemas, por uma história da sensibilidade etc. (Febvre, 1953, p.3-43, 55-60, 207-38).

Febvre estava sempre inclinado a dividir o mundo entre os que estavam a seu favor e os que lhe eram contrários, e a história, entre a "deles" e a "nossa".[23] Mas ele estava certamente correto em reconhecer a existência, por volta de 1939, de um grupo de discípulos, "um núcleo fiel de jovens, que adotavam o que chamavam de 'o espírito dos Annales'" (*Annales*, 1939, p.5). Provavelmente estava pensando, em primeiro lugar, em Fernand Braudel, que conhecera em 1937, mas sem dúvida existiam outros. Pierre Goubert estudava com Bloch nessa época e, embora viesse a especializar-se na história do século XVII, permaneceu fiel ao estilo da história rural de seu mestre. Alguns de seus discípulos em Estrasburgo estavam, então, transmitindo suas mensagens em escolas e universidades. Em Lyon, Maurice Agulhon estudou história com um deles, o mesmo acontecendo com Georges Duby, que apontou Bloch como um de seus "mestres" (Duby, 1987; Duby/Lardreau, 1980, p.40).

A Segunda Guerra Mundial freou esse desenvolvimento. A reação de Bloch, embora já tivesse 53 anos, foi a de alistar-se no exército. Após a derrota francesa retornou, por pouco tempo, à vida acadêmica, acabando por engajar-se na Resistência, na qual desempenhou um

---

23 "A história deles e a nossa" (1938), rpr Febvre (1953, p.276-83): "Sobre uma forma de história que não é a nossa" (1947, rpr) Febvre (1953, p.114-8). Conf. Cobb (1966).

papel ativo até a sua captura pelos alemães. Foi fuzilado em 1944. Apesar de suas atividades extramuros, Bloch encontrou tempo para escrever dois pequenos livros durante a guerra. Um deles, *L'Étrange défaite*, era, de um lado, o relato de uma testemunha ocular do colapso francês em 1939, de outro, a tentativa de compreendê-lo do ponto de vista de um historiador.

Mais admirável, talvez, foi a capacidade de Bloch colocar no papel suas ponderadas reflexões sobre o objetivo e o método da história, num momento de crescente isolamento e no qual suas preocupações com seus familiares, amigos e com o seu país atingiam uma intensidade dolorosa e trágica. Esse ensaio sobre o "trabalho do historiador", que permaneceu inacabado quando da morte do autor, é uma introdução lúcida, moderada e judiciosa sobre o tema – ainda um dos melhores que se possui; melhor do que o manifesto sobre a nova história que Febvre certamente escreveria em seu lugar.[24] Sua única feição iconoclástica era o capítulo em que Bloch atacava o que denominou, no estilo de Simiand, "o ídolo das origens", defendendo que todo fenômeno histórico tem de ser explicado em termos de seu tempo, e não em função de tempos anteriores (Bloch, 1961, cap. 1).

O Rabelais de Febvre – Enquanto isso, Febvre continuava a editar a revista, primeiramente com o nome de ambos, mais tarde apenas sob o seu.[25] Muito velho para lutar, passou a maior parte da guerra em sua casa de campo escrevendo artigos e livros sobre a Renascença Francesa e a Reforma. Diversos desses estudos são sobre indivíduos, como Marguerite de Navarre e François Rabelais, não são, porém, biografias propriamente ditas. Fiel aos seus preceitos,

---

24 Febvre (1953, p.427-8), em sua resenha sobre o livro de Bloch, sugere coisa semelhante.
25 A política antissemita do regime de Vichy exigiu a retirada de Bloch da codireção da revista. Bloch esperava que ela deixasse de ser publicada, prevaleceu porém a vontade de Febvre de continuar com a publicação. Cf. N.Z. Davis, conferência pronunciada em congresso realizado em Moscou, sob o nome de "Censorship, Silence and Resistance, the *Annales* during the German Occupation of France".

Febvre elaborava seus estudos tendo por centro problemas. Como pode, por exemplo, Marguerite, uma princesa letrada e piedosa, escrever uma série de histórias, *L'Heptameron*, algumas das quais extremamente obscenas? Era ou não Rabelais um ateu? *Le problème de l'incroyance au XVIe siècle: la réligion de Rabelais* é uma das obras históricas mais fecundas publicadas neste século. Juntamente com o livro de Bloch, *Les Rois Thaumaturges*, e o artigo de Lefebvre sobre as multidões, inspirou a história das mentalidades coletivas, com a qual, a partir dos anos 60, tantos historiadores franceses se preocuparam. Da mesma maneira que muitos outros estudos de Febvre, este se origina de sua reação ao ponto de vista de outro historiador. Febvre estava irritado com a maneira pela qual se interessou por Rabelais. Seu interesse nascera de uma sugestão feita por Abel Lefranc em sua edição do *Pantagruel*, segundo a qual Rabelais fora um ateu que escrevia com a finalidade de solapar o cristianismo. Febvre estava convencido de que essa interpretação era não apenas um erro quanto a Rabelais, mas cometia o erro do anacronismo, por atribuir ao autor de *Pantagruel* ideias que não poderiam ser pensadas no século XVI. Propôs-se a refutá-la.

Le problème de l'incroyance possui uma estrutura inusual, uma espécie de pirâmide invertida. O livro se inicia com uma abordagem filológica extremamente precisa. Segundo Lefranc, o ateísmo de Rabelais era denunciado por um bom número de contemporâneos; Febvre decidiu analisá-los – a maior parte dos quais era formada por poetas neolatinos menores da década de 30 do século XVI – para mostrar que o termo "ateísta" não possuía o significado moderno preciso. Era um termo ofensivo "usado no sentido que se quisesse".

Indo além da análise de uma simples palavra, Febvre discute as aparentes piadas blasfemas escritas por Rabelais no *Pantagruel* e no *Gargântua*; piadas que Lefranc valoriza em sua argumentação sobre o "racionalismo" do autor. Febvre assinala que essas anedotas tinham sua raiz na tradição medieval da paródia do sagrado, com a qual os religiosos mostravam-se indulgentes; não se constituíam em evidências de racionalismo. Para Febvre, Rabelais era um cristão da espécie de Erasmo, um crítico de muitas das formas exteriores da Igreja da baixa Idade Média, mas um crente da religião interior.

Poder-se-ia esperar que o livro se encerraria nesse ponto, pois as credenciais religiosas de Rabelais tinham sido verificadas, e os argumentos de Lefranc, refutados. O que ele fez, porém, foi ampliar ainda mais as suas investigações. Deixando para trás Rabelais, passou a discutir o que denominava impossibilidade do ateísmo no século XVI. Bloch havia procurado explicar por que o povo continuava a acreditar no milagre do toque real, mesmo quando a cura falhava. De uma maneira semelhante, Febvre agora tentava explicar por que o povo não duvidava da existência de Deus. Argumentava que o "instrumental intelectual" do período, como o denominava, não permitia a descrença. Enfocou o problema com uma verve característica, por uma espécie de *via negativa*, anotando a importância do que faltava ao século XVI, as palavras que faltavam, incluindo termos--chave, tais como "absoluto" e "relativo", "abstrato" e "concreto", "causalidade", "regularidade" e tantos outros. "Sem eles", indaga enfaticamente, "como poderia o pensamento de alguém possuir um verdadeiro vigor filosófico, solidez e claridade?"

O profundo interesse de Febvre pela linguística subjaz a essa discussão extremamente original. Contudo, ele não se contentou com uma análise linguística. O livro finaliza com um debate sobre alguns problemas da psicologia histórica. É a parte do livro mais conhecida, bastante controvertida, mas muito inspiradora. Observa, por exemplo, que as concepções seiscentistas de espaço e tempo eram extremamente imprecisas se comparadas com os nossos padrões. "Em que ano nasceu Rabelais? Ele não sabia", e nada havia de incomum nesse desconhecimento. "O tempo mensurado", ou o tempo de relógio, era ainda menos significativo do que o "tempo vivenciado", descrito em termos de pôr de sol, do voo das aves ou da extensão de uma *Ave Maria*. Febvre vai mais longe e sugere que a visão era um sentido "subdesenvolvido" nesse período, e que o sentimento de beleza da natureza não existia. "Não existia um Hotel Belavista no século XVI, nem qualquer Hotel Campo Belo. Esses nomes apenas apareceram com o Romantismo."

De acordo com Febvre, havia ainda uma outra ausência mais significativa na visão de mundo do período: "Ninguém, então, tinha noção do que era impossível". Entendo que Febvre esteja presumindo que não havia um critério aceito geralmente para o que era impossível, pois o adjetivo "impossível" não consta de sua relação das "palavras que faltam". Como resultado dessa falta de critério, o que denominamos "ciência" era literalmente impensável no século XVI. "Devemos nos resguardar de projetar esta concepção moderna de ciência nos quadros de referência de nossos ancestrais." O instrumental intelectual da época era muito "primitivo". Assim, uma análise precisa e técnica do significado do termo "ateísta" levou muitos escritores a uma temerária caracterização da visão de mundo de uma época inteira.

Passados quase cinquenta anos, o livro de Febvre parece relativamente datado. Historiadores posteriores observaram evidências por ele negligenciadas, que indicam fortes simpatias de Rabelais por algumas ideias de Lutero. Outros questionaram sua presunção de pensar que o ateísmo era inconcebível no século XVI, utilizando os interrogatórios da Inquisição na Espanha e na Itália e indicando indivíduos que, pelo menos, haviam negado a Providência e professado uma forma de materialismo (Wootton, 1988). A teoria do subdesenvolvimento visual, adotada cerca de vinte anos depois por Marshall McLuhan, o teórico canadense da mídia, não é muito plausível. Existisse ou não um Hotel Belavista no século XVI francês, havia certamente um Belvedere na Florença renascentista, enquanto Alberti e outros defendiam que o olhar precede o ouvir.

Mais séria, porém, é a crítica a Febvre por presumir muito facilmente uma homogeneidade de pensamento e sentimentos entre os vinte milhões de franceses da época, escrevendo com convicção sobre "os homens do século XVI", como se não houvesse diferenças significativas entre os pressupostos de homens e mulheres, ricos e pobres, e assim por diante.[26]

O livro de Febvre permanece, contudo, exemplar pelas questões postas e pelos métodos empregados, mais do que pelas respostas oferecidas. É um exemplo notável da história como problema. Tal qual o livro de Bloch, *Les Rois Thaumaturges*, exerceu considerável influência nos escritos históricos na França e no exterior. Ironicamente, porém, parece não ter exercido muita influência sobre Fernand Braudel, a quem o livro é dedicado "na esperança...". Por outro lado, a história das mentalidades, tal como foi praticada a partir dos anos 60 por Georges Duby, Robert Mandrou, Jacques Le Goff e tantos outros, deve muito ao exemplo de Febvre, como também ao de Bloch.

Febvre no Poder – Depois da guerra, Febvre teve finalmente sua chance. Foi convidado a auxiliar na reorganização de uma das instituições mais prestigiosas no sistema francês de educação superior, a École Pratique des Hautes Études, fundada em 1884. Foi eleito membro do Instituto e tornou-se também o delegado francês na Unesco, participando da organização da coleção sobre a "História Cultural e Científica da Humanidade". Em razão dessas múltiplas atividades, sobrou-lhe pouco tempo para escrever com vagar, e os projetos de seus últimos anos jamais foram concluídos (como o volume sobre o "Pensamento ocidental e a crença", de 1400 a 1800) ou, então, foram terminados por outros. A história do livro impresso e seus efeitos sobre a cultura ocidental na Renascença e na Reforma foram em grande parte obra de seu colaborador Henri-Jean Martin, embora tenha sido publicado sob o nome dos dois (Febvre e Martin, 1958). O ensaio sobre psicologia histórica, *Introduction à la France Moderne*, foi escrito, baseado em anotações de Febvre, por seu discípulo Robert Mandrou e editado em nome deste (Mandrou, 1961).

Mas a mais importante conquista de Febvre, no pós-guerra, foi criar a organização dentro da qual "sua" história poderia desenvol-

---

[26] Entre as críticas mais pertinentes ao livro, estão as de Frappier (1969).

ver-se, a VI Seção da École Pratique des Hautes Études, em 1947. Ele tornou-se Presidente da VI Seção, dedicada às ciências sociais, e Diretor do Centro de Pesquisas Históricas, uma seção dentro da seção. Nomeou discípulos e amigos para as posições-chave da organização. Braudel, a quem tratava como um filho, auxiliou-o a administrar o Centro de Pesquisas Históricas e os *Annales*. Charles Morazé, um historiador especialista no século XIX, juntou-se a ele no "Comité Diretor" da revista; Robert Mandrou, outro dos "filhos" de Febvre, tornou-se seu Secretário Executivo, em 1955, pouco antes de sua morte.

Os *Annales* começaram como uma revista de seita herética. "É necessário ser herético", declarou Febvre em sua aula inaugural, *Oportet haereses esse* (Febvre, 1953, p.16).[27] Depois da guerra, contudo, a revista transformou-se no órgão oficial de uma igreja ortodoxa.[28] Sob a liderança de Febvre, os revolucionários intelectuais souberam conquistar o *establishment* histórico francês. O herdeiro desse poder seria Fernand Braudel.

---

27 Todo recém-designado para o Collège de France deve ministrar uma aula inaugural, na qual, em geral, expõe suas ideias e princípios, relativos a sua disciplina. (N.T.)
28 Imagens eclesiásticas fluem com naturalidade à mente quando se escreve sobre Febvre, do "combativo prelado" (Raulff, 1988) ao "papado Febvre" (Hughes, 1966).

3
A Era de Braudel

I O *Mediterrâneo*

Quando da criação dos *Annales*, em 1929, Braudel tinha 27 anos. Estudara história na Sorbonne, lecionava história numa escola da Argélia e trabalhava em sua tese. Tese que se iniciara como um ensaio de história diplomática, de caráter bastante convencional, embora ambiciosa. Foi projetada originalmente como um estudo sobre Felipe II e o Mediterrâneo, em outras palavras, uma análise da política externa do soberano. Durante seu longo período de gestação, a tese ampliou consideravelmente seu objetivo. Era e é normal para os historiadores acadêmicos franceses lecionarem em escolas enquanto escrevem suas teses. Lucien Febvre, por exemplo, ensinou brevemente em Besançon; Braudel, durante dez anos, 1923-32, lecionou na Argélia, experiência que lhe permitiu ampliar seus horizontes.

Seu primeiro artigo importante, publicado nesse período, tinha por tema a presença dos espanhóis no Norte da África, no século

XVI. Esse estudo, cujas dimensões são a de um pequeno livro, merece ser resgatado de seu imerecido esquecimento. Era, ao mesmo tempo, uma crítica a seus predecessores no tema pela ênfase que haviam atribuído aos grandes homens e às batalhas; uma discussão sobre a "vida diária" das guarnições espanholas; e também uma demonstração da estreita relação, embora invertida, entre a história africana e europeia, isto é, quando estourava a guerra na Europa as campanhas africanas eram suspensas, e vice-versa (Braudel, 1928).

A maior parte da pesquisa para a tese havia sido feita no início dos anos 30 em Simancas, onde os documentos oficiais espanhóis estavam guardados, e nos arquivos das principais cidades cristãs do Mediterrâneo – Gênova, Florença, Palermo, Veneza, Marselha e Dubrovnik – onde Braudel poupou tempo filmando os documentos, sempre que possível, com uma câmera cinematográfica americana (Braudel, 1972).

A pesquisa foi interrompida quando Braudel foi contratado para lecionar na Universidade de São Paulo, 1935-1937, período definido por ele, mais tarde, como o mais feliz de sua vida. Foi no retorno de sua viagem ao Brasil que conheceu Lucien Febvre, que o adotou como um filho intelectual e persuadiu-o – se é que ainda necessitava de persuasão – de que o título da tese deveria ser realmente "O Mediterrâneo e Felipe II", e não "Felipe II e o Mediterrâneo" (Braudel, 1953, esp. p.5; conf. Febvre, 1953, p.432).

A elaboração de O Mediterrâneo – Com o advento da Segunda Guerra Mundial, Braudel teve, por mais irônico que possa parecer, a oportunidade de escrever sua tese. Permaneceu quase todos os anos de guerra como prisioneiro num campo perto de Lübeck. Sua prodigiosa memória compensou em parte a impossibilidade de recorrer às bibliotecas, tendo rascunhado O Mediterrâneo em cadernos escolares comuns e os remetia a Febvre, para lhe serem devolvidos ao final da guerra (Braudel, 1972). Somente um historiador que tenha examinado os manuscritos poderá falar sobre o vínculo existente entre eles e a tese defendida em 1947 e publicada em 1949, dedicada a Febvre "com a afeição de um filho". Minha análise será feita tendo por base o texto impresso.

O Mediterrâneo é um livro de grandes dimensões, mesmo que consideremos os padrões da tradicional tese de doutoramento francesa. Sua edição original continha aproximadamente 600 mil palavras, o que perfaz seis vezes o tamanho de um livro comum. Dividido em três partes, cada uma das quais – como o prefácio esclarece – exemplifica uma abordagem diferente do passado. Primeiramente, há a história "quase sem tempo" da relação entre o "homem" e o ambiente; surge então, gradativamente, a história mutante da estrutura econômica, social e política e, finalmente, a trepidante história dos acontecimentos.

A parte mais tradicional, a terceira, parece corresponder à ideia original de Braudel de uma tese sobre a política exterior de Felipe II. Ele oferece aos seus leitores um trabalho altamente profissional de história política e militar. Traça breves mas incisivos esboços de caráter dos atores principais da cena histórica, do Duque de Alba, "esse falso grande homem", "de mente estreita e curta visão política", ao seu senhor Felipe II, lento, "solitário e discreto", cauteloso e perseverante, um homem que "via sua tarefa como a sucessão infindável de pequenos detalhes", mas ao qual faltava uma visão do todo. São descritos com vagar a batalha de Lepanto, o cerco e a libertação de Malta, e as negociações de paz do final da década de 1570.

Essa narrativa de eventos, contudo, está longe de ser uma história tradicional de "tambores e trombetas", como pode parecer à primeira vista. Frequentemente, o autor desvia-se de seu caminho para enfatizar a insignificância dos eventos e as limitações impostas à liberdade de ação dos indivíduos. Em 1565, por exemplo, o comandante naval espanhol no Mediterrâneo, Don Garcia de Toledo, mostrou-se lento para libertar Malta do cerco dos turcos. "Os historiadores criticaram Don Garcia por sua demora em agir, escreve Braudel, mas tiveram eles o cuidado de examinar profundamente as condições sob as quais ele agiu?" (Braudel, 1949: edição inglesa de 1975, p.1017). Reitera que a conhecida e sempre condenada lentidão de Felipe II em reagir aos eventos não deve ser explicada apenas em termos de seu temperamento, mas deve ser associada à exaustão financeira da Espanha e aos problemas de comunicação em um império tão vasto (Ibidem, p.372, 966). Da mesma maneira, Braudel recusa-se a explicar em termos pessoais o sucesso de Don Juan, Don Juan da Áustria, em Lepanto. Ele foi apenas "o instrumento do destino", no sentido de que sua vitória dependeu de fatores cuja existência desconhecia (Ibidem, p.1101). Mas, ainda segundo Braudel, a vitória de Lepanto foi apenas uma vitória naval que "não poderia destruir as rotas turcas, pois estas estavam solidamente estabelecidas no interior do continente" (Ibidem, p.1104). Também a conquista de Túnis por D. Juan é descrita "como uma vitória que leva a lugar nenhum".

A preocupação de Braudel é situar indivíduos e eventos num contexto, em seu meio, mas ele os torna inteligíveis ao preço de revelar sua fundamental desimportância. A história dos eventos, ele sugere, embora "rica em interesse humano", é também a mais superficial. "Recordo-me de uma noite, perto da Bahia, quando assistia absorto ao espetáculo pirotécnico de fosforescentes vagalumes; sua pálida luz brilha, desaparece, volta a brilhar, sem penetrar na noite com uma verdadeira luz. O mesmo acontece com os eventos, para além de seu brilho, a escuridão predomina" (Braudel, 1980, p.10). Em uma outra imagem poética, Braudel descreve os acontecimentos como "perturbações superficiais, espumas de ondas que a maré da história carrega em suas fortes espáduas". "Devemos aprender a desconfiar deles" (Ibidem, p.21). Para compreender a história é necessário saber mergulhar sob as ondas.

Águas mais calmas, que correm mais profundamente, são o objeto da segunda parte do *Mediterrâneo*, denominada "Destinos coletivos e movimentos de conjunto"; sua preocupação, a história das estruturas – sistemas econômicos, estados, sociedades, civilizações e formas mutantes de guerra. Esta história se movimenta a um ritmo mais lento do que a dos eventos. As mudanças ocorrem no tempo de gerações, e mesmo de séculos, por isso os contemporâneos dos fatos nem sempre se apercebem delas. Mas, mesmo assim, eles são carregados pela corrente. Numa de suas mais famosas análises, Braudel examina o império de Felipe II como uma "colossal empresa de transporte terrestre e marítima", que "se exauriu por sua própria dimensão", e não poderia ser diferente numa época em que "cruzar o Mediterrâneo de norte a sul levava uma ou duas semanas", enquanto atravessá-lo de leste a oeste, "dois ou três meses" (Ibidem, p.363). A observação lembra o veredito de Gibbon sobre o Império Romano destruído pelo seu próprio peso e suas afirmativas sobre geografia e comunicações, no primeiro capítulo do *Declínio e Queda*.

O século XVI, porém, parece ter sido favorável ao desenvolvimento de grandes estados do tipo dos impérios rivais espanhol e turco, que dominaram o Mediterrâneo. Para Braudel, "O curso da história é alternadamente favorável e desfavorável à formação de vastas hegemonias políticas", e o período de desenvolvimento econômico, durante os séculos XVI e XVII, criou uma situação bastante favorável aos grandes e enormes estados (Ibidem, p.660-1).

Como as estruturas políticas, as estruturas sociais dos dois grandes impérios – opostas entre si de diversas maneiras no topo – caminharam gradativamente no sentido de se assemelharem cada vez mais. As principais tendências sociais na Anatólia e nos Balcãs, nos séculos XVI e XVII, corriam paralelas às da Espanha e Itália, sendo que esta, durante o período, estava submetida em grande parte às leis espanholas. Segundo Braudel, a principal tendência, em ambos os lados, era a polarização social e econômica. A nobreza enriquecia e migrava para as cidades, os pobres tornavam-se cada vez mais pobres e eram empurrados para a pirataria e o banditismo. Quanto às classes médias, desapareceram ou "emigraram" para a nobreza, processo descrito por Braudel como a "traição" ou a "falência" da burguesia (Ibidem, p.704 ss.).[1]

---

1 O termo "traição" alude ao famoso ensaio de Julien Benda, *La trahison des clercs*.

Num capítulo dedicado às fronteiras culturais e à gradual difusão das ideias, objetos, ou costumes, Braudel estende a comparação entre cristãos e muçulmanos mediterrâneos da sociedade para a "civilização", denominação que prefere. Evitando um difusionismo simplista, discute também a resistência a essas inovações, invocando o "repúdio" espanhol ao protestantismo, a rejeição do cristianismo da parte dos mouros de Granada e a resistência dos judeus a todas as outras civilizações (Ibidem, p.757 ss.).

Não chegamos ainda ao coração do problema. Abaixo das correntes sociais jaz uma outra história, "uma história quase imóvel... uma história lenta a desenvolver-se e a transformar-se, feita muito frequentemente de retornos insistentes, de ciclos sem fim recomeçados"[2] (Ibidem, p.20). A verdadeira matéria do estudo é essa história "do homem em relação ao seu meio", uma espécie de geografia histórica ou, como Braudel preferia denominar, uma "geo-história". A geo-história é o objeto da primeira parte do *Mediterrâneo*, para a qual devota quase trezentas páginas, descrevendo montanhas e planícies, litorais e ilhas, climas, rotas terrestres e marítimas.

Essa parte do livro deve sua existência, indubitavelmente, ao amor de Braudel pela região – revelado imediatamente por sua primeira frase, que assim se inicia: "Amei o Mediterrâneo apaixonadamente, sem dúvida porque sou um homem do Norte" (Braudel nasceu em Lorraine, ao norte da França).

O objetivo é demonstrar que todas as características geográficas têm a sua história, ou melhor, são parte da história, e que tanto a história dos acontecimentos quanto a história das tendências gerais não podem ser compreendidas sem elas. O capítulo sobre as montanhas, por exemplo, discute a cultura e a sociedade das regiões montanhosas, o conservadorismo dos montanheses, as barreiras socioculturais que separam os homens da montanha dos da pla-

---

2 A tradução baseou-se no texto original de Braudel (1969, p.11). (N.T.)

nície, e a necessidade de muitos jovens montanheses emigrarem, tornando-se mercenários (Ibidem, p.34 ss.). Tomando o próprio mar para análise, Braudel contrasta o Mediterrâneo ocidental, nessa época dominado pelos espanhóis, com o Mediterrâneo oriental, submetido aos turcos. "A política apenas segue o roteiro de uma realidade subjacente. Esses dois Mediterrâneos, comandados por dirigentes rivais, eram física, econômica e culturalmente diferentes entre si" (Ibidem, p.137). A região mediterrânea, porém, continuava a ser uma unidade, mais una do que a Europa, segundo Braudel, graças tanto ao clima, aos vinhos e às oliveiras quanto ao próprio mar.

Esse notável volume causou imediatamente sensação no mundo histórico francês. Sua reputação expandiu-se em ondas cada vez mais amplas em direção às outras ciências e a outras partes do mundo (ver capítulo 5). Não se pode duvidar de sua originalidade. Contudo, como o próprio autor reconhece em seu ensaio bibliográfico, o livro se insere numa tradição ou, mais exatamente, em várias tradições diferentes.

Em primeiro lugar, é claro, na tradição dos *Annales,* uma revista com vinte anos quando o livro foi publicado. "O que devo aos *Annales,* ao seu ensino e inspiração, constitui a maior de minhas dívidas" (Ibidem, p.22). A primeira parte do livro, que trata do papel do meio ambiente, deve muito à escola geográfica francesa, do próprio Vidal de la Blache, cujas páginas sobre o Mediterrâneo foram "lidas" e "relidas" por Braudel, às monografias regionais inspiradas pelo mestre (por exemplo, Cvijic [1918]). Também Lucien Febvre está presente nessa primeira parte de *O Mediterrâneo,* não somente como o autor de um ensaio de geografia histórica, mas porque sua tese sobre Felipe II e o Franco-Condado se iniciava com uma introdução geográfica da mesma espécie, embora em escala mais reduzida.

Uma presença igualmente sentida em *O Mediterrâneo,* embora possa parecer irônica, é a do homem que Febvre adorava atacar, o geógrafo alemão Friedrich Ratzel, cujas ideias sobre geopolítica ajudaram Braudel a formular as suas sobre um bom número de temas, que variavam do império às ilhas (Ratzel, 1897, esp. caps. 13 e 21). São menos visíveis sociólogos e antropólogos, embora o capítulo sobre a civilização mediterrânea mostre traços da influência das ideias de Marcel Mauss sobre o autor (Mauss, 1930, 231-51; conf. Braudel, 1969, p.201-3).

Entre os historiadores, o que influenciou mais Braudel foi o medievalista Henri Pirenne, cujo famoso *Mahomet et Charlemagne* defendia que, para compreender a ascensão de Carlos Magno, o fim da tradição clássica e a construção da Idade Média, o historiador deveria afastar-se da história da Europa, ou da cristandade; por outro lado, sua visão, ao estudar o Médio Oriente Muçulmano, de dois impérios rivais que se confrontavam através do Mediterrâneo oitocentos anos antes de Suleiman, o Magnífico, e Felipe II, deve ter sido uma inspiração para Braudel. Curiosamente, embora esse tenha sido o último livro de Pirenne, seu projeto nasceu num campo de prisioneiros durante a Primeira Guerra Mundial, enquanto Braudel trabalhou o seu num campo de prisioneiros da Segunda Guerra Mundial (Pirenne, 1937).

Avaliações de *O Mediterrâneo* – Braudel lamentava, quando da publicação da segunda edição, que o livro havia sido muito elogiado, mas pouco criticado. Houve, porém, críticas, algumas delas convincentes, procedentes dos Estados Unidos e de outros países.[3] No nível de detalhes, um bom número de afirmações de Braudel foi contestado por pesquisadores posteriores. A tese sobre a "falência da burguesia", por exemplo, não satisfez os historiadores dos Países Baixos, cujos mercadores continuaram a prosperar. A sua tese sobre a relativa insignificância da batalha de Lepanto foi modificada, senão mesmo rejeitada em obras recentes.[4]

Uma outra lacuna da obra atraiu menos atenção, mas deve ser aqui enfatizada. Apesar de sua aspiração de atingir o que chamava de "história total", Braudel muito pouco tinha a dizer sobre atitu-

---

[3] As mais importantes foram as de Bailyn (1951) e Hexter (1972).
[4] Guilmatin (1974) esp. p.234, 251. Por outro lado, Hess (1972) argumenta que Braudel sobrevalorizou sua importância.

des, valores, ou *mentalidades coletivas*, mesmo no capítulo dedicado a "Civilizações". Nisso diferia enormemente de Febvre, apesar de sua admiração pelo *Le problème de l'incroyance* (Braudel, 1969, p.208). Exemplificando: Braudel pouco tem a dizer sobre honra, vergonha e masculinidade, mesmo que, como um bom número de antropólogos demonstrou, esse sistema de valores tivesse, e ainda tem, grande importância no mundo mediterrâneo, tanto do lado cristão quanto do muçulmano (Peristiany, 1965, Blok, 1981). Embora as crenças religiosas – católica e muçulmana – tivessem obviamente, na época de Felipe II, grande importância para o mundo mediterrânico, o historiador francês não as discute. Apesar de seu interesse pelas fronteiras culturais, curiosamente nada tem a dizer sobre as relações entre o cristianismo e o muçulmanismo nesse período. Essa ausência de interesse pela influência recíproca entre cristianismo e islamismo contrasta com o demonstrado por historiadores anteriores da Espanha e do Oriente Médio, cujas obras assinalavam a existência de lugares muçulmanos sagrados frequentados por cristãos, ou mães muçulmanas que balizavam seus filhos para protegê-los da lepra ou de lobisomens (Hasluck, 1929).[5]

Algumas críticas são ainda mais radicais. Um crítico americano lamenta que Braudel "tenha se enganado ao dar uma resposta poética a um problema histórico do passado", perdendo assim seu livro, por um lado, essa dimensão, e que a organização do livro, por outro, secciona os eventos de seus fatores sociogeográficos que poderiam explicá-los (Bailyn, 1951). Tais críticas merecem ser discutidas mais detalhadamente.

A insinuação de que o livro falha por não se propor um problema seria irônica se bem fundamentada, pois Febvre e Bloch insistiram na ênfase de uma história voltada para problemas, e o próprio Braudel escreveu que "A região não é o alicerce da pesquisa. Esse alicerce é o problema". (*Annales*, 1949, citado em Hexter, 1972, p.105). Poderia

---

[5] Em 1977, indaguei a Braudel sua opinião sobre o livro, ele não o conhecia.

Braudel esquecer seu próprio conselho? Coloquei a questão para ele numa entrevista realizada em 1977. Não hesitou na resposta. "Meu grande problema, o único problema a resolver, é demonstrar que o tempo avança com diferentes velocidades".[6] Mesmo assim, grandes setores desse denso estudo não lidam com esse problema, pelo menos não diretamente.

A crítica à organização tripartite do livro foi antecipada, mas não respondida por Braudel em seu prefácio. "Se for criticado em razão do método empregado na elaboração do livro, espero que pelo menos cada uma de suas partes, considerada isoladamente, possa ser tida como bem realizada." Um meio de fugir às críticas teria sido iniciar a obra pela história dos acontecimentos (como eu próprio fiz no resumo do livro), e mostrar que é ininteligível sem a história das estruturas que, por sua vez, é ininteligível sem a história do meio. Iniciar, porém, pelo que considerava a história "superficial" dos acontecimentos seria intolerável para Braudel. Sob as circunstâncias em que esboçou sua obra – na prisão – foi psicologicamente necessário que olhasse além da curta duração.[7]

Outra crítica radical a *O Mediterrâneo* diz respeito ao determininismo de Braudel, que é o exato oposto do voluntarismo de Febvre. Diz um crítico britânico: "*O Mediterrâneo* de Braudel é um mundo insensível ao controle humano" (J. H. Elliott, *New York Review of Books*, 3.5.1973). É provavelmente revelador que Braudel use em seus escritos, mais de uma vez, a metáfora da prisão, descrevendo o homem como "prisioneiro" não somente do seu ambiente físico, mas também de sua estrutura mental (*os quadros mentais são também prisões de longa duração*) (Braudel, 1969, p.31).[8] Diferentemente de Febvre, Braudel não percebe

---

6 "Braudel and the Primary Vision", um diálogo com P.Burke e H.G. Koenisberger, difundido pela Rádio 3, em 13 de novembro de 1977.
7 A hipótese é de Hexter (1972, p.104), observando que Braudel (1958) virtualmente a confirma.
8 Para uma contestação vigorosa dessa crítica, ver Vovelle (1982), especialmente parte 4.

a dupla face das estruturas, que são, ao mesmo tempo, estimulantes e inibidoras. "Quando penso no indivíduo, escreveu uma vez, sou sempre inclinado a vê-lo como prisioneiro de um destino sobre o qual pouco pode influir" (Braudel, 1949, p.1244).

É justo, porém, acrescentar que o determinismo braudeliano não é simplista: prova-o sua insistência na necessidade de explicações pluralistas; seus críticos, por outro lado, ao rejeitarem seu determinismo, nada oferecem de preciso ou construtivo. O debate sobre os limites da liberdade e o determininismo é um daqueles que deverão permanecer até quando a historiografia existir. Independentemente da opinião dos filósofos, é extremamente difícil aos historiadores, nesse debate, irem além de uma simples afirmação de sua própria posição.

Alguns críticos foram ainda mais longe em suas críticas e falaram de "uma história sem homens". Para ver que essa acusação é exagerada, basta ler as penetrantes descrições dos caracteres individuais feitas na terceira parte da obra. Contudo, também é justo dizer que o preço pago pela visão olímpica braudeliana dos assuntos humanos em grandes espaços e longos períodos é uma tendência a apequenar os seres humanos, a tratá-los como "insetos humanos", uma frase reveladora dita em uma discussão sobre os pobres do século XVI (Braudel, 1949, p.755).

Uma crítica mais construtiva da primeira parte de *O Mediterrâneo* talvez esteja em dizer que, embora admita que sua geo-história não seja totalmente imóvel, o autor não a consegue mostrar em movimento. Sua admiração por Maximilien Sorre, um geógrafo francês que desde os anos 40 preocupava-se com o que chamava "ecologia humana" – o processo de interação entre a humanidade e o ambiente – não impediu que Braudel falhasse em nos mostrar o que poderia ser denominado a "construção da paisagem mediterrânica", mais especificamente os prejuízos causados ao meio pela destruição da cobertura florestal, na longa duração.[9]

---

9 Braudel discute a obra de Sorre in *Annales* (1943), rpr Braudel (1969, p.105-16). Conf. Dion (1934), Sereni (1961).

É hora de retornar aos aspectos mais positivos de um livro que mesmo seus críticos descrevem como uma obra-prima. O ponto principal a realçar é que Braudel contribuiu mais do que qualquer outro historiador deste século para transformar nossas noções de tempo e espaço.

Como poucos livros anteriores, se é que algum o fez, *O Mediterrâneo* torna seus leitores conscientes da importância do espaço na história. Braudel consegue isso fazendo do mar o herói de seu épico, e não uma unidade política como o Império Espanhol, deixando abandonada uma personagem como Felipe II – e também pela constante repetição da importância da distância e da comunicação. Mais eficaz do que tudo isso, porém, é a maneira pela qual Braudel auxilia os leitores a verem a região mediterrânica dele emergindo como um todo. O mar é suficientemente vasto para engolir muitos historiadores, mas Braudel sente a necessidade de ampliar suas fronteiras em direção ao Atlântico e ao deserto do Saara. "Se não considerarmos esta extensa zona de influência... seria difícil apreender a história do mar" (Braudel, 1949, p.170). O capítulo sobre "O Mediterrâneo Maior", como ele o chama, é um exemplo dramático da concepção braudeliana de história "global", do que tem sido designado como seu "vasto apetite para estender as fronteiras de seu objetivo"; ou como ele próprio define, seu "desejo e necessidade de tudo ver grande" (Ibidem, p.22).[10] Diferentemente de Felipe II – o homem obcecado pelos detalhes – Braudel possuía sempre uma visão do todo.

Para os historiadores, é mais significativa a maneira pela qual ele maneja o tempo, seu intento "de dividir o tempo histórico em tempo geográfico, tempo social e tempo individual", realçando a importância do que se tornou conhecido, desde a publicação do famoso artigo, como *a longa duração* (Ibidem, p.21; Braudel, 1958). A longa duração de Braudel pode ser curta em relação aos padrões dos geólogos, mas sua ênfase do "tempo geográfico" alertou muitos historiadores.

---

10 A frase sobre seu "vasto apetite" é de Hexter (1972, p.119).

A distinção entre curta e longa duração era comum ao vocabulário do historiador – e mesmo da linguagem comum – antes de 1949. Estudos de temas particulares que se estendiam por vários séculos não eram incomuns na história econômica, especialmente na história dos preços. Um exemplo óbvio, bem conhecido de Braudel, é a obra de Earl J. Hamilton, *American Treasure and the Price Revolution 1501-1650* (1934). Historiadores da arte e da literatura haviam investigado mudanças culturais na longa duração, notadamente Aby Warburg e seus discípulos em seus estudos sobre a remanescência e a transformação da tradição clássica, que não eram desconhecidos de Braudel.[11] Contudo, permanece uma conquista pessoal de Braudel combinar um estudo na longa duração com o de uma complexa interação entre o meio, a economia, a sociedade, a política, a cultura e os acontecimentos.

Segundo Braudel, a contribuição especial do historiador às ciências sociais é a consciência de que todas as "estruturas" estão sujeitas a mudanças, mesmo que lentas (Braudel, 1969, p.26 ss.). Era impaciente com fronteiras, separassem elas regiões ou ciências. Desejava ver as coisas em sua inteireza, integrar o econômico, o social, o político e o cultural na história "total". "Um historiador fiel às lições de Lucien Febvre e Marcel Mauss desejará sempre ver o todo, a totalidade do social".

Poucos historiadores desejariam imitar *O Mediterrâneo*, ainda menos seriam capazes de fazê-lo. Continua verdadeiro dizer a seu respeito, como de *Guerra e Paz* de Tolstói (com a qual se assemelha não apenas na extensão, mas também na sua visão penetrante pelo espaço e em sua percepção da futilidade da ação humana), que ele ampliou as possibilidades do gênero em que foi escrito.

II O Braudel das últimas obras

Braudel no Poder – Durante quase trinta anos, da morte de Febvre em 1956 até sua própria em 1985, Braudel foi não apenas o

---

11 Braudel (1969) cita Curtius (1948), obra dedicada a Aby Warburg e inspirada em seu trabalho.

mais importante historiador francês, mas também o mais poderoso. Em 1949, no mesmo ano em que sua tese foi publicada, tornou-se professor do Collège de France, e passou a acumular, ao lado de Febvre, a função de Diretor do Centre Recherches Historiques, na École de Hautes Études.

Dessa fase de direção conjunta datam três séries de publicações da VI Seção, da qual o Centro era parte, todas lançadas em 1951-52. A primeira série intitulava-se "Portos – Rotas – Tráficos"; a segunda, "Negócios e Gente dos Negócios"; e a terceira, "Moeda – Preço – Conjuntura". Dada a enorme importância atribuída à história econômica, é razoável presumir que a iniciativa fora de Braudel, não de Febvre".[12]

Com a morte de Febvre em 1956, Braudel foi seu sucessor, tornando-se o diretor efetivo dos *Annales*. As relações entre os dois "filhos" de Febvre, Braudel e Mandrou, tornaram-se progressivamente menos fraternais, e Mandrou demitiu-se de seu cargo de secretário executivo da revista em 1962. Uma transformação maior, para não dizer um "expurgo", foi levada a efeito em 1969, aparentemente uma consequência de Maio de 1968. Os acontecimentos pareciam vingar-se de quem tanto os desprezara. Braudel decidiu recrutar jovens historiadores, como Jacques Le Goff, Emmanuel Le Roy Ladurie, Marc Ferro, com a finalidade de renovar os *Annales*, "renovar a pele", como dizia.[13]

Braudel também sucedeu Febvre como presidente da VI Seção da École. Em 1963, criou uma nova entidade dedicada à pesquisa interdisciplinar, a Maison des Sciences de l'Homme. No seu tempo, a Seção, o Centro e a Maison, todos se mudaram para o 54, Boulevard Raspail, onde a convivência com antropólogos e sociólogos da qualidade de Claude Lévi-Strauss e Pierre Bourdieu, disponíveis para as conversas de café e para seminários conjuntos, manteve e continuou a pôr os historiadores dos *Annales* em contato com as novas ideias e desenvolvimentos das ciências vizinhas.

---

12 Ele escreveu a introdução ao primeiro volume da série "Portos – Rotas – Tráficos", anunciando que a coleção "representaria a parte essencial de nosso trabalho".
13 Le Goff (1987), p.224, nega qualquer vinculação com os acontecimentos de 1968.

Sendo um homem de grande respeitabilidade e de personalidade dominante, Braudel manteve sua poderosa influência, mesmo depois da aposentadoria, em 1972. Tendo conservado em suas mãos, durante os anos de diretor, o controle dos fundos para a pesquisa, publicações e nomeações, guardou para si um grande poder, que usou para promover o ideal de um "mercado comum" das ciências sociais, onde a história era um membro dominante. (Braudel, 1968b, p.349). As bolsas de estudo concedidas a jovens historiadores estrangeiros, como os poloneses, para estudar em Paris ajudaram a difundir no exterior o novo estilo francês, de fazer história. Por outro lado, era notório que Braudel destinava os recursos preferencialmente aos historiadores que se dedicavam à época moderna (1500-1800). Se seu império não foi tão vasto quanto o de Felipe II, tinha, porém, um dirigente mais decidido.

A influência de Braudel sobre algumas gerações de estudantes pesquisadores também deve ser levada em conta. Pierre Chaunu, por exemplo, descreve como as conferências de Braudel sobre a história da América Latina, feitas logo após o seu retorno à França depois da guerra, produziram-lhe um "choque" intelectual que determinou sua carreira histórica. "Após os primeiros dez minutos, eu estava conquistado, subjugado" (Chaunu, 1987, p.71). Chaunu, porém, não é o único historiador a dever a Braudel preocupação com o mundo mediterrânico do início da época moderna, ou com alguns problemas particulares. O autor de um estudo sobre a família de mercadores espanhóis do século XVI deve seu tema a uma sugestão de Braudel, enquanto monografias sobre Roma e Valladolid se inspiravam no seu tipo de abordagem (Lapeyre,1955, dedicada a Braudel; Delumeau, 1957-9; Bennassar, 1967).

Muitos outros historiadores atestaram o que deviam aos conselhos e encorajamentos de Braudel durante o tempo em que escreviam suas teses. A figura mais destacada da terceira geração dos *Annales*, Emmanuel Le Roy Ladurie, que escreveu sua tese sobre a França mediterrânica, teve Braudel como orientador de tese. Conhecido durante um certo tempo como o "Delfim", Le Roy Ladurie sucedeu Braudel no Collège de France como este sucedera Febvre.

A História da Cultura Material – Durante esses anos dedicados às atividades de organizador, 1949-1972, Braudel trabalhou num segundo estudo ambicioso. Muitos historiadores franceses, depois dos longos anos de pesquisa e de elaboração necessários para escrever a exaustiva tese doutoral, instrumento fundamental de sucesso acadêmico, optam por uma vida comparativamente pacífica, nada produzindo a não ser artigos e textos escolares. Não Braudel. Logo depois da publicação de *O Mediterrâneo*, Lucien Febvre convidou-o a participar de um outro grande projeto. A ideia era escreverem uma história da Europa, em dois volumes, abrangendo o período de 1400 a 1800. Febvre responsabilizar-se-ia pelo "pensamento e crença" e Braudel ficaria com a história da vida material.[14] Febvre ainda não escrevera sua parte quando de sua morte em 1956; Braudel escreveu a sua em três volumes, entre 1967 e 1979, sob o título *Civilization matérielle et capitalisme*.[15]

Sua preocupação nos três volumes está mais ou menos concentrada nas categorias econômicas do consumo, distribuição e produção, nessa ordem, mas ele prefere caracterizá-las de maneira diferente. A introdução ao primeiro volume descreve a história econômica como um edifício de três andares. No andar térreo, está a civilização material – a metáfora não está longe da "base" de Marx – definida por "ações recorrentes, processos empíricos, velhos métodos e soluções manipuladas desde tempos imemoriais". No andar intermediário, há a vida econômica "calculada, articulada, emergindo como um sistema de regras e necessidades quase naturais". No andar superior – para não dizer superestrutura – existe o "mecanismo capitalista", o mais sofisticado de todos (Braudel, 1979a, p.23-6).

---

14 Braudel (1967, ed. 1981, p.23) diz que Febvre fez a sugestão em 1952, Braudel (1977, p.3), assinala a data de 1950.
15 Braudel (1979a) é a edição revista.

Há um paralelo óbvio entre as estruturas tripartites de *O Mediterrâneo* e da *Civilisation et Capitalisme*. Em ambos os casos, a primeira parte trata da história quase imóvel, a segunda, das mudanças estruturais institucionais lentas e a terceira, de mudanças mais rápidas – eventos no primeiro livro, tendências no outro.

O primeiro volume é dedicado ao alicerce, isto é, lida com o "velho regime" econômico que permanece há quase quatrocentos anos. Esse livro exemplifica o interesse permanente de Braudel pela longa duração. Ilustra, por outro lado, sua abordagem totalizante. Projetado originalmente como um estudo da Europa, diz pouco sobre a África e muito sobre a Ásia e a América. Um de seus principais argumentos é a afirmação da impossibilidade de explicar as mudanças significativas sem recorrer a uma visão global. Seguindo o economista e demógrafo alemão Ernest Wagemann, Braudel assinala que os movimentos populacionais, na Índia e na China, obedecem a um padrão similar ao da Europa: expansão no século XVI, estabilidade no século seguinte, e nova expansão no século XVIII (sobre Wagemann, Braudel, 1979a, p.34; conf. Braudel, 1969, p.133-42). Um fenômeno de caráter mundial necessita obviamente de uma explicação na mesma escala.

Enquanto seus discípulos estudavam as tendências populacionais no nível das províncias ou, às vezes, de vilas, Braudel, caracteristicamente, tentava apreender o todo. Enquanto analisavam crises de abastecimento na Europa, ele comparava as vantagens e as desvantagens do trigo e outros cereais com as do arroz no Extremo Oriente e o milho na América, observando por exemplo que os campos de arroz "trouxeram densas populações e rígida disciplina social onde prosperaram", enquanto o milho, "uma colheita que exige pouco esforço", deixou os índios "livres" (se essa for a palavra) para trabalharem nas "gigantescas pirâmides maias ou aztecas" ou nas "ciclópicas muralhas de Cuzco".

A finalidade dessas aparentes divagações é definir a Europa, contrastando-a com o resto do mundo, como um continente de comedores de trigo relativamente bem equipado de móveis domésticos, cuja densidade populacional minimiza os problemas de transporte em relação a outras regiões, mas onde, por outro lado, o trabalho era relativamente caro – um estímulo ao emprego de fontes inanimadas de energia, o que se associa com a Revolução Industrial.

Como em relação ao espaço, Braudel em seus temas subverte as fronteiras tradicionais da história econômica. Deixa de lado as categorias tradicionais de "agricultura", "comércio" e "indústria", e observa, substituindo-as, "a vida diária", o povo e as coisas, "coisas que a humanidade produz ou consome", alimentos, vestuários, habitação, ferramentas, moeda, cidades... Dois conceitos básicos subjazem a esse primeiro volume, um deles, "vida diária", o outro, "civilização material".

Na introdução à segunda edição, declara que o objetivo de seu livro era nada menos do que "a introdução da vida cotidiana no domínio da história". Não foi, é claro, o primeiro historiador a tentar. *La civilization quotidienne* era o título de um dos volumes da *Encyclopédie Française* de Lucien Febvre, para o qual Bloch contribuiu com um ensaio sobre a história da alimentação. A livraria Hachette publicou, a partir de 1938, algumas coleções de história cotidiana de diferentes épocas e diferentes tempos, começando por um estudo do Renascimento francês, de autoria de Abel Lefranc, cuja interpretação de Rabelais tanto irritara Febvre. Anteriormente, um estudo importante sobre a vida cotidiana na Dinamarca e Noruega, no século XVI, foi escrito pelo grande historiador dinamarquês T.F. Troels-Lund, no qual dedicava volumes diferentes para a alimentação, vestuários e habitação (Troels-Lund, 1879-1901). De todo jeito, a obra de Braudel é importante por sua síntese entre o que pode ser denominado a "pequena história" do dia a dia, facilmente transformável em mera descrição, anedotário ou antiquarismo, e a história das grandes tendências socioeconômicas da época.

Sua concepção de *civilização material* merece também uma análise mais acurada. A ideia de um domínio da rotina (*Zivilisation*), oposto ao domínio da criatividade (*Kultur*), foi muito cara a Oswald Spengler, um historiador com o qual Braudel tem mais afinidades do que as geralmente admitidas.[16] O historiador francês pouco se preocupa com as rotinas mentais, com o que Febvre denominava *instrumental intelectual*. Como vimos anteriormente, Braudel jamais demonstrou grande interesse pela história das mentalidades, e pressupunha-se que pensamento e crença eram atribuição de seu parceiro. Mas, por outro lado, tinha muito o que dizer a respeito de outras formas de hábito.

Da mesma maneira que em *O Mediterrâneo*, sua forma de abordar a civilização é a de um geógrafo, ou de um geo-historiador, interessado em áreas culturais, nas quais a troca de bens ocorre, ou deixa de ocorrer. Um dos exemplos mais fascinantes é o da cadeira, introduzida na China, vinda provavelmente da Europa, no segundo ou terceiro século d.C., sendo amplamente usada por volta do século XIII. Esse novo costume exigiu novos tipos de móveis, mesas altas, por exemplo, e uma nova postura; em resumo, um novo estilo de vida. Os japoneses, por outro lado, não aceitaram a cadeira, da mesma maneira que os mouros de Granada, tema levantado em *O Mediterrâneo*, resistiram ao cristianismo (Braudel, 1979a, cap. 4).

Se algo importante está faltando nesse brilhante estudo da "cultura material", é certamente o domínio do simbólico.[17] O sociólogo americano Thorstein Veblen dedicou uma significativa parte de sua *Teoria da Classe Ociosa* (1899) para discutir os símbolos do *status*. Alguns historiadores seguiram essa orientação: Lawrence Stone, por exemplo, num livro publicado dois anos antes da obra de Braudel, analisa as casas e os funerais da aristocracia inglesa desse ponto de vista (Stone, 1965). Mais recentemente, historiadores e antropólogos têm devotado grande atenção aos significados da cultura material (Appadurai, 1986).

---

16 Braudel (1969) faz observações positivas a respeito de Spengler, p.186 ss., bem como referências a seu propósito no index de Braudel, 1979a, 1979b.
17 Essa crítica foi feita por Burke (1981, p.38 ss.) e Clark (1985, p.191 ss.).

Um antropólogo-historiador ou um historiador-antropólogo gostaria, talvez, de suplementar a fascinante descrição da "Europa carnívora" com uma discussão, por exemplo, do simbolismo das carnes "nobres" como o veado e o faisão, associadas com o aristocrático hábito da caça, desempenhando uma parte importante nos rituais de troca de presentes. Observações semelhantes podem ser feitas a respeito do uso do vestuário para o que o sociólogo Erving Goffman denominou "apresentação de si mesmo na vida diária"; outro tanto pode ser dito a respeito do simbolismo das casas, suas fachadas e decorações interiores (Goffman, 1959).[18]

Braudel e o Capitalismo – *Les jeux de l'échange* se inicia com a evocação da imagem turbilhonante e apressada, animada e poliglota, barulhenta e multicolorida do mundo do mercado tradicional, prosseguindo com as descrições das feiras, dos mascates e dos grandes comerciantes. Muitos destes eram tão exóticos quanto as mercadorias que compravam e vendiam, pois o comércio internacional estava nas mãos de marginais: protestantes na França, judeus na Europa Central, velhos crentes na Rússia, coptas no Egito, persas na Índia, armênios na Turquia, portugueses na América espanhola, e assim por diante.

Como sempre, Braudel mantém um fino equilíbrio entre o abstrato e o concreto, o geral e o particular. Interrompe, aqui e ali, seu panorama para focalizar um estudo de caso, incluindo uma "fábrica" agrícola, como ele a denomina, no século XVIII veneziano, ou também a Bolsa de Amsterdam, essa "confusão das confusões", como a descreviam seus participantes no século XVII, já ocupada por especuladores. Braudel sempre teve um bom olho para os detalhes vivos. Durante a feira de Medina del Campo, em Castela, ele nos conta que a missa era celebrada no balcão da Catedral, a fim de que "compradores e vendedores a assistissem sem interromper os negócios".

---

18 Para uma discussão das casas desse ponto de vista, ver Le Roy Ladurie (1975). Sobre o vestuário, Roche (1989).

Essas descrições coloridas eram complementadas por uma fascinante análise, onde Braudel exibia integralmente seu maravilhoso dom de se apropriar das ideias de outras disciplinas e convertê-las em próprias. Nesse volume, utiliza-se da "teoria do lugar central", do geógrafo alemão Walter Christaller, para analisar a distribuição dos mercados na China. Apoia-se na sociologia de Georges Gurvitch para discutir o que chama de "o pluralismo das sociedades", as contradições em suas estruturas sociais. Lança mão das teorias de Simon Kuznets, um economista "convencido do valor explicativo da longa duração na economia... um procedimento caro a meu coração", para caracterizar as sociedades pré-industriais pela falta de capital fixo e durável (Braudel, 1979b, p.118, 463 ss., 244 ss.). Mas Braudel apoiou-se sobretudo no notável polímata Karl Polanyi, que na década de 40 estudava antropologia econômica, embora dele discordasse. Defendia, ao contrário, que a economia de mercado coexistia com uma economia sem mercado no início do mundo moderno, e não, como pretendia Polanyi, que ela emergia repentinamente no que denominava a "grande transformação" do século XIX (Braudel, 1979b, p.225 ss.).

Nessa análise dos mecanismos de distribuição e troca, Braudel oferece, caracteristicamente, explicações ao mesmo tempo estruturais e multilaterais. Discutindo o papel das minorias religiosas como os huguenotes e os persas no comércio internacional, concluía que "é certamente o mecanismo social que reserva aos marginais essas tarefas desagradáveis, mas socialmente essenciais... se não existissem, teriam necessariamente de ser inventados" (Braudel, 1979b, p.166). Recusava-se a explicações em termos individuais. Por outro lado, opôs-se sempre a explicações baseadas em um único fator. "O capitalismo não pode ter se originado de uma única fonte", observava, pondo de lado Marx e Weber com um simples piscar de olhos. "Economia, política, sociedade, cultura e civilização, cada uma delas tem sua parte. Assim como a história, que frequentemente decide, em última análise, quem vencerá a prova de força" (Ibidem, p.402-3).

Este é um trecho característico de Braudel, que combina uma visão ampla com uma falta de rigor analítico, dando peso a fatores pouco analisados no decorrer do livro.

Vale lembrar a advertência de que achava necessário acrescentar para preservar uma certa distância intelectual de Marx e, mais ainda, do marxismo, evitando cair na armadilha de uma estrutura intelectual que considerava muito rígida. "O gênio de Marx, o segredo de sua longa influência, escreveu Braudel, está no fato de ter sido o primeiro a construir verdadeiros modelos sociais, fundamentados na longa duração histórica. Esses modelos se sedimentaram em toda sua simplicidade por lhe darem o *status* de leis" (Braudel, 1969, p.51).

Le temps du monde muda a atenção da estrutura para o processo – o processo de nascimento do capitalismo. Nesse último volume, em que precisa ser conclusivo, Braudel elide sua usual abordagem eclética. Apoia-se firmemente nas ideias de um único homem, Immanuel Wallerstein. É quase tão difícil classificar Wallerstein quanto Polanyi. Formado sociólogo, fez pesquisas na África; convencido de que não a poderia entender sem conhecer o capitalismo, voltou-se para a economia. Ao descobrir que não poderia entender o capitalismo sem retornar às suas origens, decidiu-se a ser um historiador econômico. Sua história inacabada da "economia mundial" desde 1500 é, de sua parte, devedora de Braudel, a quem é dedicado o segundo volume (Wallerstein,1974-80).

A análise que Wallerstein faz da história do capitalismo repousa também sobre a obra de economistas desenvolvimentistas como Andre Gunder Frank, especialmente sobre seus conceitos de economias centrais e periféricas, e sua posição de que o desenvolvimento do Ocidente e o subdesenvolvimento do resto do mundo são as faces opostas de uma mesma moeda (Gunder Frank, 1969, p.32 ss.). Wallerstein analisa também o que denomina "divisão internacional do trabalho" e as sucessivas hegemonias holandesa, britânica e americana. Ele se filia a uma tradição marxista, e é de algum modo surpreendente para muitos leitores ver o velho Braudel, que sempre manteve distância em relação a Marx, finalmente aceitar algo semelhante a uma estrutura marxista.

Le temps du monde preocupa-se também com a sequência dos poderes preponderantes, mas principia, como se poderia esperar de Braudel, com o Mediterrâneo. Segundo ele, foi a Veneza do século XV que obteve pela primeira vez uma hegemonia sobre a economia mundial. Seguiu-se a Veneza, Antuérpia, e a esta, Gênova, cujos banqueiros controlaram os destinos da Europa (e, através da Espanha, os da América) no final do século XVI e no início do século XVII, "a idade do genovês". A sequência se completa com a hegemonia holandesa, mais especificamente a de Amsterdam, que Braudel identifica como a última das cidades economicamente dominantes. Por fim, com sua habilidade característica de inversão, coloca o problema às avessas e passa a analisar o fracasso de outras partes do mundo (incluindo a França e a Índia) em obter uma posição dominante similar, concluindo sua história com a Grã-Bretanha e a Revolução Industrial.

Não é difícil encontrar lacunas e imperfeições nesses volumes, particularmente quando o autor se afasta do mundo mediterrânico, que tanto amava e conhecia. Tais imperfeições eram virtualmente inevitáveis numa obra de tão grande fôlego. Uma crítica mais séria, análoga à já apontada em *O Mediterrâneo*, é que Braudel permanece, numa de suas metáforas preferidas, "prisioneiro" de sua divisão de trabalho original com Febvre (se não de seu próprio *instrumental intelectual*). Até o fim manteve-se "alérgico", como dizia, a Max Weber, e pouco tinha a dizer sobre os valores capitalistas – diligência, frugalidade, disciplina, espírito empreendedor e outros. Contudo, o contraste entre o que pode ser chamado de "culturas favoráveis a empreendimentos", como a República holandesa e o Japão, e as "culturas não favoráveis", como a Espanha e a China, é bastante sensível, e tais diferenças em valores são seguramente relevantes para a história econômica desses países.

A má vontade de Braudel em reconhecer autonomia à cultura, às ideias, transparece claramente em seus últimos ensaios. Ao analisar o problema da rejeição da Reforma na França (como anteriormente discutira a rejeição da Reforma na Espanha), oferece uma explicação geográfica brutalmente reducionista. Limita-se a notar que o Reno e o Danúbio eram as fronteiras do catolicismo, como haviam sido anteriormente as fronteiras do Império Romano, sem se dar ao trabalho de analisar a possível relação entre essas fronteiras, os acontecimentos e as ideias da Reforma (Braudel, 1981).

As qualidades, contudo, da trilogia de Braudel superam e muito seus defeitos. Juntos, os três volumes constroem uma magnífica síntese, tomando-se o termo economia num sentido amplo, da história econômica do início da Europa moderna, e colocam essa história num contexto comparativo. Eles confirmam o direito do autor ao título mundial dos pesos-pesados. Devemos ser gratos pela demonstração de que é ainda possível, neste final de século, resistir às pressões da especialização. Admire-se também a tenacidade de Braudel ao levar adiante dois grandes projetos por um período de mais de cinquenta anos.

E o que é mais, ele não esmoreceu. Na sua velhice, Leopold von Ranke dedicou-se à história mundial. Pela primeira vez, mais modesto em suas ambições, Braudel, com mais de setenta anos, embarcou na aventura de uma história global de seu país. Quando de sua morte, em 1985, já estavam escritos os capítulos sobre geografia, economia e demografia, publicados sob o título *L'Identité de la France*.

Num certo sentido, esse último livro é previsível – não é difícil imaginar o que seria um estudo braudeliano sobre a França. Assenta-se, da mesma maneira que seus livros anteriores, na obra de seus geógrafos favoritos, de Vidal de Blache a Maximilien Sorre. Embora Braudel tenha aproveitado a oportunidade para responder à crítica de que era excessivamente determinista, e tenha endereçado algumas palavras generosas ao "possibilismo" à maneira de Febvre e de Blache, ele realmente não alterou suas convicções, reiterando sua crença de que somos "esmagados" pelo "enorme peso das distantes origens" (Braudel, 1985, p.237 ss.). O primeiro volume desse estudo é uma nova demonstração enfática da capacidade de Braudel incorporar o espaço na história, discutir a diversidade regional e a distância, de um lado, e as comunicações e a coesão nacional, de outro; além, é claro, de oferecer suas reflexões sobre as mudanças de fronteiras da França, na longa duração, entre 843 a 1761.[19]

Um último tema de Braudel merece ser aqui analisado, a estatística. Ele recebia com entusiasmo os métodos quantitativos empregados por seus colegas e discípulos. Fazia uso ocasional das estatísticas, especialmente na segunda edição ampliada de seu *Le Mediterranée*, publicado em 1966. Contudo, não é parcial dizer que os números são apenas a decoração de seu edifício histórico, e não parte de sua estrutura (Hexter, 1972, p.113). Num certo sentido, ele resistia aos métodos quantitativos da mesma maneira que resistia à maioria das formas de história cultural, o que o levava a descartar o famoso livro de Burckardt, *A civilização da Renascença na Itália*, por estar suspenso no ar (Braudel, 1969, p.186). Ele foi assim, de alguma maneira, alheio a dois grandes movimentos no interior da história dos *Annales* de seu tempo, a história quantitativa e a história das mentalidades. É tempo agora de dirigirmos nossa atenção sobre eles.

III O nascimento da história quantitativa

Apesar de sua liderança carismática e de sua contribuição, o desenvolvimento da escola dos *Annales* nos tempos de Braudel, não pode ser explicado apenas em função de suas ideias, interesses e influências. Os "destinos coletivos e as tendências gerais" do movimento merecem também ser examinados. Dessas tendências, a mais importante, de mais ou menos 1950 até 1970, ou mesmo mais, foi certamente o nascimento da história quantitativa. Esta "revolução quantitativa", como chamada, foi primeiro sentida no campo econô-

---

[19] Ver Aymard (1988) sobre uma visão favorável; severas críticas são feitas pelo geógrafo Lacoste (1988).

mico, em particular na história dos preços. Da economia espraiou-se para a história social, especialmente para a história populacional. Por fim, na terceira geração, a ser examinada no próximo capítulo, a nova tendência invadiu a história cultural – a história da religião e a história das mentalidades.[20]

A importância de Ernest Labrousse – Não se constituía em novidade os historiadores econômicos lidarem com estatísticas. Um grande número de pesquisas sobre a história dos preços havia sido realizado no século XIX (Wiebe, 1895). O início dos anos 30 assistiu a uma explosão de interesse pelo tema, vinculada, sem dúvida, à hiperinflação alemã e ao estouro das bolsas em 1929. Dois importantes estudos sobre preços apareceram na França em 1932-34. O primeiro, *Recherches anciennes et nouvelles sur le mouvement général des prix du XVIᵉ au XIXᵉ siècle* (1933), o livro de cabeceira obrigatório para todo historiador, como afirmava Febvre (Febvre, 1962, p.190-1). Era fruto do trabalho do economista François Simiand, o homem que, trinta anos antes, havia publicado um ataque demolidor à história tradicional. O livro discutia a alternância na história de períodos de expansão, por ele chamados "Fases A", e períodos de retração, ou "Fases B" (Simiand, 1932).

O segundo estudo importante, modestamente intitulado *Esquisse du mouvement des prix et des revenus en France au XVIIIᵉ siècle*, era obra do jovem historiador Ernest Labrousse (1933). Dois anos mais velho do que Braudel, Labrousse foi extremamente influente na historiografia por mais de cinquenta anos. Em razão de sua influência sobre os historiadores mais jovens, dos quais, em muitos casos, foi o orientador de tese, pode-se dizer que ocupou um lugar central nos *Annales*. Em outro sentido, porém, ele pode ser tido como marginal ao grupo. Lecionava na Sorbonne; seu foco de interesse era a Revolução Francesa, o evento por excelência, e o que era mais importante, tratava-se de um marxista.[21]

---

20 Para uma visão mais geral, ver Le Roy Ladurie (1973, p.7-16).
21 A referência à "marginalidade" de Labrousse vem de Âllegra/Torre (1977, p.328 ss.). Labrousse (1980) expressa sua identificação com os Annales.

Como já vimos, nem Febvre nem Bloch tinham grande interesse nas ideias de Marx. Apesar de seu socialismo e de sua admiração por Jaurès, Febvre era muito voluntarista para ter Marx como fonte de inspiração. Quanto a Bloch, apesar de seu entusiasmo pela história econômica, afastava-se de Marx em razão de sua perspectiva durkheiminiana (Suratteau, 1983). Braudel, como já vimos, deve mais a Marx, mas apenas em suas últimas obras.

Foi com Labrousse que o marxismo começou a penetrar no grupo dos *Annales*. O mesmo ocorreu com os métodos estatísticos, pois Labrousse foi incentivado pelos economistas Albert Aftalion e François Simiand a empreender um rigoroso estudo quantitativo da economia francesa do século XVIII, publicado em duas partes: *Esquisse* (1933), sobre os movimentos dos preços de 1701 a 1817, e *La crise de l'économie française à la fin de l'Ancien Régime et au début de la Revolution* (1944), sobre o fim do antigo regime. Estes livros, saturados de gráficos e tabelas, referem-se a movimentos de longa duração e a ciclos de curta duração, "crises cíclicas" e "interciclos". Labrousse, muito engenhoso em encontrar maneiras de mensurar as tendências econômicas, utilizou conceitos, métodos e teorias de economistas como Juglar e Kondratieff, preocupados respectivamente com os ciclos econômicos de curta e longa duração; e de seu professor Albert Aftalion, que escrevera sobre crises econômicas. Labrousse defendia que uma má colheita na França do século XVIII tinha um efeito devastador, determinando tanto um declínio nas rendas rurais como também no ainda grande mercado rural para a indústria. Também demonstrava a importância da crise econômica do final da década de 80 como uma precondição da Revolução Francesa (Labrousse, 1933, 1944).[22] Essas duas monografias foram estudos pioneiros do que os *Annales* chamariam posteriormente *conjuntura* (ver Glossário). Foram criticados, de vez em quando, por forçarem os dados a se conformarem ao modelo, mas foram extremamente influentes.

---

22 Para uma crítica desses estudos, ver Landes (1950). Ver também Renouvin (1971), Braudel (1974), Labrousse (1980).

Em seu famoso ensaio "História e Ciências Sociais" (1958), centrado no conceito de longa duração, Braudel proclama que o livro de Labrousse, *La crise...*, é "o maior livro de história publicado na França nestes últimos vinte e cinco anos" (Braudel, 1969, p.25-54; 1974, p.11). Da mesma maneira, Chaunu declara que "todo o movimento no sentido de uma história quantitativa, na França, deriva de dois livros que eram os breviários de minha geração, *Esquisse...* e *La Crise...*", livros que considerava mais influentes do que o próprio *Mediterrannée* (Chaunu, 1955-60, 8, parte 1, p.xiv; Braudel, 1974, p.21).

Os livros eram extremamente técnicos e Labrousse pouco publicou depois. Era um historiador de historiadores, sem ser, contudo, um especialista limitado. Sua curiosidade ia além da história econômica do século XVIII, dirigia-se também para as revoluções de 1789 e de 1848, para a história social da burguesia europeia de 1700 a 1850.[23] Declarou certa vez que "não pode haver estudo da sociedade sem estudo das mentalidades" (Labrousse, 1980 e 1970).

Labrousse dedicou boa parte de seu tempo na supervisão de estudantes pós-graduados e merece ser lembrado como "a eminência parda" dos *Annales*, representando Padre Joseph, o invisível mas indispensável colaborador do Cardeal Richelieu Braudel. Há motivos para se suspeitar que houve influência de Labrousse na da 2ª edição do *Mediterrannée*, em 1966, pois há uma maior ênfase na história quantitativa e inclusão de tabelas e gráficos inexistentes na primeira.[24] Foi também pela preocupação em ampliar o espaço dos *Annales* para tabelas e gráficos que a revista aumentou seu formato em 1969.

É impossível analisar detalhadamente as obras das décadas de 50 e 60 que mostram a marca de Braudel e Labrousse, mas é igual-

---

23 No Congresso Internacional de Ciências Históricas de Roma, em 1955, apresentou uma importante comunicação: *Voies nouvelles vers une histoire de la bourgeoisie occidentale*. Supervisionou a tese de Daumard sobre a burguesia de Paris.

24 Braudel colaborou também com o historiador italiano Ruggiero Romano num estudo quantitativo de embarcações no porto de Livorno.

mente impossível deixar de mencionar a tese histórica de Chaunu, *Sevilha e o Atlântico* (1955-1960), talvez a mais longa tese já escrita.[25] Esse estudo de Chaunu, escrito com a colaboração de sua esposa Huguette, tenta imitar, se não mesmo superar Braudel, tomando como sua região o oceano Atlântico. Concentrou-se em tudo o que podia ser mensurado, a tonelagem das mercadorias transportadas entre a Espanha e o Novo Mundo, de 1504 a 1560, para, a partir dessa base, ampliar sua análise e discutir as flutuações mais gerais no volume desse comércio. Finalmente, voltou-se para as tendências econômicas mais significativas do período, especialmente a passagem da expansão no século XVI (uma Fase A, como Simiand a chamaria) para a retração no século XVII (uma Fase B).

Esse estudo volumoso, que lançou o famoso par de termos *estrutura e conjuntura*, foi, ao mesmo tempo, uma aplicação ao comércio transatlântico de um método e de um modelo desenvolvidos por Labrousse para a França do século XVIII, e um desafio a Braudel, por estudar um oceano, pelo menos do ponto de vista econômico, e conferindo ao seu tema uma verdadeira visão global. Digna de nota também é a seção reservada à geografia histórica da América espanhola. Chaunu perde apenas para Braudel em sua consciência da importância do espaço e da comunicação na história.[26]

Demografia histórica e História demográfica – A história da população foi a segunda grande conquista da abordagem quantitativa, depois da história dos preços. O surgimento da história demográfica deu-se na década de 50, e isso se deve à consciência da explosão populacional mundial, da mesma forma que a história dos preços na década de 30 está intimamente relacionada ao craque financeiro. O desenvolvimento dessa área de estudo foi, pelo menos na França, o resultado do trabalho conjunto de demógrafos e historiadores. Louis Henry, por exemplo, que trabalhava no Institut National d'Études

---

25 Formada por 12 volumes, a maioria dos quais de estatísticas. O volume 8 dedicado à interpretação tem mais de 3 mil páginas de texto.
26 Está melhor expresso in Chaunu (1964, p.11-38).

Demographiques (INED), transferiu na década de 40 sua atenção dos estudos da população atual para a população do passado. Desenvolveu o método da "reconstituição familiar", que vincula os registros de nascimentos, casamentos e mortes, investigando uma região e um período, através do estudo de casos de famílias em Gênova, Normandia e outras partes.

A revista do INED, *Population*, publicada a partir de 1946, sempre recebeu contribuições de historiadores. O primeiro volume, por exemplo, inclui importante artigo do historiador Jean Meuvret, onde desenvolve a noção de "crise de subsistência", argumentando que tais crises eram acontecimentos comuns na França de Luís XIV. Um aumento nos preços do trigo era acompanhado por um acréscimo da taxa de mortalidade e uma queda da taxa de nascimento. Seguia-se uma recuperação gradual e, posteriormente, nova crise (Meuvret, 1946, 1977). As ideias contidas no artigo fundamentam um bom número de estudos regionais posteriores, desde o livro de Goubert, *Beauvais et le Beauvaisis* (1960), em diante. Como Labrousse, Meuvret foi um historiador de muito maior importância para o movimento dos *Annales*, nos anos 40 e 50, do que faz supor sua pequena produção histórica. Seu monumento é o trabalho realizado por seus discípulos.

Em breve, a demografia histórica ligou-se oficialmente à história social. Data de 1960 a criação, na VI Seção, de uma nova coleção histórica: "Demografia e Sociedades", que publicou um número de monografias importantes sobre história regional.

A importância da história regional e serial – Uma das primeiras publicações da coleção foi a tese de Goubert sobre *Beauvais et le Beauvaisis*. Do mesmo modo que Chaunu, dividiu seu trabalho em duas partes, intituladas "Estrutura" e "Conjuntura". A primeira parte trata das flutuações, na curta e longa duração, dos preços, produção e população, na perspectiva de um "longo" século XVII, que vai de 1600 a 1730. É um exemplo regional da Fase B de Simiand. A justaposição feita por Goubert entre movimentos de preços e população mostra as consequências humanas de uma modificação econômica.

A importância da primeira parte está em que integra a demografia histórica à história social de uma região. Goubert procede a um cuidadoso estudo das tendências populacionais num certo número de vilas da região de Beauvais, tais como Auneuil e Breteuil. Chega a conclusões semelhantes às de Meuvret a respeito da persistência de um "velho regime demográfico", caracterizado por crises de subsistência a cada trinta anos, mais ou menos, durante o século XVIII, e observa como seus habitantes se adaptavam aos tempos duros, casando tarde, de maneira a diminuir o número de anos dedicados pelas esposas à criação dos filhos.

Ele fez mais, contudo, do que demonstrar a relevância para os beauvisianos do que veio a se tornar a interpretação ortodoxa da recessão econômica e da crise demográfica, no século XVII. Deu considerável ênfase no que chamou "demografia social", isto é, no fato de que as chances de sobrevivência variavam de um grupo social para outro. Considerou seu estudo uma contribuição à "história social", uma história preocupada com todos, não somente com o rico ou com o poderoso, um aspecto reiterado em sua obra posterior, *Louis XIV et vingt millions de français* (1966).

A parte mais interessante do livro, a meu ver, são os capítulos sobre a sociedade rural e a sociedade urbana, sobre o mundo da produção têxtil em Beauvais, por exemplo, ou sobre os camponeses ricos, médios e pobres. Esse cuidadoso estudo das diferenciações sociais e das hierarquias sociais, que Goubert, posteriormente, ampliou num ensaio sobre o campesinato francês do século XVII, é um excelente corretivo para qualquer visão simplista da sociedade do antigo regime (Goubert, 1982).

Embora a análise social de Goubert seja fecunda, está longe da história total. O problema da "mentalidade burguesa" é discutido brevemente, mas, como autor admite desde o início, religião e política estariam de fora. De uma maneira similar, a maioria das monografias regionais, dentro do estilo dos *Annales* das décadas de 60 e 70, uma notável obra coletiva, restringia-se à história econômica e social, com introduções geográficas ao modelo de Braudel.

A tese de Goubert foi dedicada a Labrousse, cujo papel nos bastidores é revelado pelos agradecimentos feitos em alguns dos mais significativos estudos regionais da segunda e terceira geração dos *Annales*, do *Catalunha* de Pierre Vilar ao *Languedoc* de Emmanuel Le Roy Ladurie e o *Provence* de Michel Vovelle (discutidos adiante).[27] Tais estudos, que não são apenas cópias de um modelo, mas variações individuais de um tema comum a um grupo, são a conquista mais destacada da escola dos *Annales*, na década de 60. A esse respeito, assemelham-se às monografias regionais da escola geográfica francesa, tais como a de Demangeon sobre a Picardia, ou a de Sion sobre a Normandia, e tantas outras, cinquenta anos atrás (Buttimer, 1971, p.74 ss.). Eles marcam também o retorno dos *Annales* à província, em universidades como as de Caen e Rennes, Lyon e Toulouse.

Em síntese, os estudos regionais combinam as *estruturas* braudelianas, a *conjuntura* de Labrousse e a nova demografia histórica.

A sociedade rural do início da França moderna foi estudada em nível provincial na Burgundia, na Provença, no Languedoc, na Île-de--France, na Savoia e em Lorraine (Saint Jacob, 1969; Baehrel, 1961; Fréche, 1974 etc.). Houve também um bom número de monografias sobre as cidades modernas, não somente na França (Amiens, Lyon, Caen, Rouen, Bordeaux), mas também nas cidades do mundo mediterrânico (Roma, Valladolid, Veneza) (Deyon, 1967; Garden, 1970; Gascon, 1971; Delumeau, 1957-9; Bennassar, 1967). Esses estudos locais, urbanos e rurais, têm grande semelhança, formando como que um grupo familiar. Quase sempre são divididos em duas partes, estruturas e conjunturas, e se fundamentam em fontes que possibilitam dados bastante homogêneos, do tipo que permite se-

---

27 Estudos regionais orientados por Labrousse incluem também os de Maurice Agulhon sobre a Provença, de Pierre Deyon sobre Amiens, de Adeline Daumard sobre a burguesia parisiense, de Georgelin sobre Veneza e de J. Nicolas sobre a Savoia.

rem arrolados em séries de longa duração, tais como tendências dos preços e taxas de mortalidade. O próprio nome "história serial" se origina desse fato (Chaunu, 1970). Analisando essas teses, pode-se compreender a observação de Ladurie de que "a revolução quantitativa transformou completamente o trabalho do historiador na França" (Le Roy Ladurie, 1973, p.7).

A maioria desses estudos locais foi orientada por Braudel ou Labrousse, e tinham por objeto o início da época moderna. Houve exceções, contudo, a essas regras. O medievalista Georges Duby foi um dos primeiros a escrever uma monografia sobre a propriedade, a estrutura social e a família aristocrática na área de Mâcon nos séculos XI e XII. A monografia de Duby era supervisionada por Charles Perrin, um antigo colega de Bloch, e tinha como fonte a geografia histórica. A região de Limousin também foi estudada ao estilo dos *Annales*, numa obra que se iniciava pela geografia da região, descrevia em seguida as "estruturas econômica, social e mental" e concluía com uma análise das atitudes políticas e um balanço das transformações no tempo (Corbin, 1975).

Mesmo tratando-se de estudos sobre o início da época moderna, seria enganador apresentar a escola ou o círculo dos *Annales* como completamente refratária a outros historiadores.[28] O caso mais óbvio a ser mencionado é o de Roland Mousnier, que foi um orientador de teses sobre a era moderna tão influente quanto Braudel e Labrousse. Mousnier publicava seus artigos na *Revue Historique*, não nos *Annales*. Foi professor na Sorbonne, não nos Hautes Études. Era *persona non grata* a Braudel. Se o círculo dos *Annales* era um clube, Mousnier certamente não foi um dos membros. Mesmo assim, seus interesses se sobrepunham num grau considerável. Nenhum historiador francês desde Bloch tomara a abordagem comparativa na história tão seriamente. Mousnier comparou o desenvolvimento

---

28 Foi Gastou Zeller, um historiador de relações internacionais, quem inspirou Delumeau (1957-9) e Gaston (1971).

político da França e da Inglaterra, por exemplo; estudou as revoltas camponesas no século XVII não só na França como também em países longínquos como a Rússia e a China. Tal como o grupo dos *Annales,* usou extensivamente a teoria social, de Max Weber a Talcott Parsons, dando pouca atenção a Marx.[29]

Embora sua visão política fosse de direita, Mousnier dispôs-se a colaborar num estudo sobre o século XVIII com Labrousse, cujo coração estava sempre com a esquerda. Não concordavam sobre métodos de pesquisa, para não falar sobre as conclusões, mas os dois partilhavam do mesmo grande interesse pela análise da estrutura social do antigo regime, suas "ordens" e "classes", um tema sobre o qual organizavam conferências rivais.[30]

Mousnier orientou um considerável número de teses em história social, sobre temas que vão desde o soldado francês do século XVIII até uma análise quantitativa computadorizada das transformações da estrutura social de uma pequena cidade francesa por mais de três séculos (Corvisier, 1964; Couturier, 1969). No início da década de 60, lançou um projeto de pesquisa coletiva sobre os levantes camponeses dos séculos XVI e XVII, em parte para refutar a interpretação marxista das revoltas camponesas defendida por Boris Porshnev, historiador soviético, cuja obra, publicada na Rússia nos anos 40, havia sido traduzida pelos rivais de Mousnier na VI Seção (Porshnev, 1948). Os trabalhos de Mousnier e seus discípulos geralmente davam mais atenção à política do que à economia, e levavam mais a sério os critérios legais do que os econômicos em suas análises da estrutura social. Mesmo assim, alguns desses estudos dificilmente se diferenciam dos da chamada "escola dos *Annales*" (Mousnier, 1968a; Pillorget, 1975; Bercé, 1974).

---

[29] Arriaza (1980) cita a influência de Bernard Barber sobre Mousnier e de outros sociólogos americanos, embora saliente a de Max Weber.

[30] Mousnier (1964) é um crítico das contribuições de Daumard e Furet ao projeto de Labrousse de uma análise quantitativa da estrutura social. Comparar Mousnier (1968) sobre castas, ordens e classes, com Labrousse (1973).

Le Roy Ladurie em Languedoc – Nos estudos regionais produzidos pelo círculo dos *Annales*, há uma importante exceção na ênfase atribuída às estruturas socioeconômicas e à conjuntura. A tese doutoral de Emmanuel Le Roy Ladurie, *Les paysans de Languedoc* (1966), engaja-se na "aventura", como diz seu autor, "da história total", num período de mais de duzentos anos (Le Roy Ladurie, 1966, p.11).

Esse historiador, por consenso, é o mais brilhante dos discípulos de Braudel, a ele se assemelhando em muitos aspectos – no poder imaginativo, na ampla curiosidade, na abordagem multidisciplinar, na preocupação com a longa duração e numa certa ambivalência em relação ao marxismo. Como Braudel, é um homem do Norte, um normando apaixonado pelo Sul. Seu *Paysans de Longuedoc* é construído na mesma escala de *O Mediterrâneo*, principiando, como se poderia esperar, com uma descrição geográfica de Languedoc – uma região rural, de vegetação rala e pedregosa, de grãos, vinha e oliveiras, azinheiros e castanheiros, típica do Mediterrâneo.

Le Roy Ladurie compartilha com Braudel um grande interesse pelo meio físico, interesse que o levou a escrever um notável estudo comparativo da história do clima na longa duração (Le Roy Ladurie, 1971). Cientistas americanos haviam usado, para estabelecer a tendência climática na longa duração, os registros fornecidos pelos anéis que se formam nas árvores (especialmente nas sequoias gigantes do extremo Oeste, algumas das quais atingem 1.500 anos). Um anel estreito significa um ano de seca, um largo, ano de chuvas abundantes. O autor francês teve a feliz ideia de justapor as conclusões dos cientistas americanos às obtidas por um outro exemplo de "história serial", um estudo das variações nas datas da colheita de uvas em várias partes da Europa. Uma colheita antecipada significa um ano quente, uma colheita atrasada, um ano frio. Concluiu que "os antigos vinhais da Alemanha, França e Suíça compatibilizavam-se, embora distantes, de maneira harmônica com as evidências das florestas milenares do Alasca e do Arizona" (Le Roy Ladurie, 1959, p.157). O paralelo com a comparação braudeliana dos movimentos populacionais na Europa e na Ásia é bastante óbvio. Por outro lado, Le Roy, como é conveniente chamá-lo, achou necessário guardar certa distância de Braudel, como este fez em relação a Marx. Abandonou a então tradicional organização dos estudos regionais em seções sobre *estruturas e conjunturas*, preferindo dividir seu livro, que vai de 1500 a 1700, em três períodos. Três fases do que denomina "um grande ciclo agrário", um enorme movimento de fluxo e refluxo, de ascensão e queda.

A primeira é uma Fase-A, período de expansão econômica estimulado por um dramático aumento da população na região, recuperando-se finalmente das devastações da peste negra da Alta Idade Média. No dizer de um contemporâneo, a população do século XVI estava procriando "como ratos num celeiro". As terras marginais passaram a ser cultivadas e o solo passou a ser explorado mais intensamente. O tamanho médio das propriedades rurais diminuía, pois era dividida entre mais filhos, e os salários agrícolas tornavam-se cada vez menores, visto que o crescimento da população favoreceu a criação de um mercado de trabalho. O grupo que se beneficiou com a situação foi o dos proprietários de terras que dirigiam seu próprio negócio.

A população continuou a se expandir, a uma taxa menor, até 1650, ou mesmo 1680 (na região de Beauvaisis, estudada por Goubert, ela deixou de crescer pouco depois), assim como os lucros dos proprietários. De fato, Le Roy denomina o período de 1600 a 1650 de o período da "ofensiva da renda". Nesse ponto, contudo, ocorre o que Simiand chamaria de uma Fase B de depressão, e houve uma reversão do quadro de todo o movimento. A razão fundamental dessa reversão foi o declínio da produtividade na agricultura. Os agricultores empobrecidos eram incapazes de investir em suas terras e, em todo caso, havia um limite ao que se poderia tirar desse solo mediterrânico pedregoso. Não havia alimento suficiente, produzindo-se assim uma crise de subsistência. Muitos morreram, alguns emigraram, e os casais (como em Beauvaisis) tenderam a se casar mais tarde. "Parecia como que se a população procurasse adaptar-se dolorosamente às condições de uma economia em retração" (Le Roy Ladurie, 1966, p.243). Por outro lado, o declínio populacional intensificava a depressão econômica, que atingiu seu auge no início do século XVIII, ao final do reinado de Luís XIV. Concluía que "O anátema malthusiano caiu sobre o Languedoc nos séculos XVI e XVII", no sentido de que o crescimento da população eliminou qualquer crescimento na prosperidade, tal como dissera Malthus (Ibidem, p.311).

O que acabo de descrever é uma página esplêndida da história geográfica e socioeconômica escrita à maneira das monografias regionais, nos anos 60, vinculadas aos *Annales*. Faziam uso abundante dos métodos quantitativos, não só para estudar as flutuações de preços, as taxas de nascimento, casamento e mortalidade, mas também as tendências na distribuição da propriedade, na produtividade agrícola etc.

Les paysans de Languedoc, contudo, rompe, em muitos aspectos, com a tradição. Como vimos, Le Roy adota uma forma de organização cronológica no lugar de uma divisão em *estrutura e conjuntura*. Em cada uma das seções cronológicas, discute os desenvolvimentos culturais, tais como a ascensão do protestantismo e a alfabetização, e descreve também as reações do homem comum da região às tendências econômicas vividas no dia a dia. Para escrever essa história vista "da perspectiva das classes subalternas", fundamentou-se exaustivamente na evidência das revoltas. Por exemplo, no curso da discussão sobre a polarização da sociedade rural, no final do século XVI, entre prósperos proprietários de terra e assalariados pobres, introduziu uma mininarrativa de um episódio simples de conflito social, na pequena cidade de Romans.[31] Durante o Carnaval de 1580, artesãos e camponeses se valeram das mascaradas para proclamar que "os ricos da cidade tinham se tornado prósperos às custas do pobre" e que, em breve, a carne dos "cristãos estaria sendo vendida a seis pences a libra".

---

31 Em 1979, Le Roy Ladurie publicou um livro, *Le Carnaval de Romans*, sobre o episódio. (N.T.)

Na seção dedicada à depressão econômica no início do século XVIII, Le Roy relata também a história da guerra de guerrilhas conduzida pelos *camisards*, os montanheses protestantes das Cevenas, contra o rei que havia posto fora de lei sua religião. Observou que os líderes da revolta, entre os quais se incluíam jovens mulheres, sofriam, de maneira frequente, convulsões, durante as quais tinham visões do céu e do inferno e faziam profecias. Le Roy sugeriu que esses ataques eram histéricos e relacionou o fenômeno à conjuntura geral da época – a depressão levando ao empobrecimento, ao casamento tardio, à frustração sexual, à histeria e, finalmente, às convulsões.

Sua tese foi de maneira geral bem recebida.[32] Na realidade, construiu sua reputação. Com o passar dos anos, contudo, algumas críticas substanciais surgiram. Suas conclusões sobre os profetas de Cevena, por exemplo, foram contestadas por tratá-los antes como casos patológicos do que em tentar ler suas convulsões como uma forma autêntica de linguagem corporal (Garret, 1985). Sua análise econômica, segundo um crítico, "não faz sentido", porque "confunde renda com lucro" (North, 1978, p.80). Mais fundamental, contudo, foi a crítica dos marxistas ao seu "modelo demográfico" de transformações no Languedoc, por ser de um malthusianismo simplista e porque "é a estrutura das relações de classe, do poder de classe, que determina a maneira e o grau em que mudanças particulares demográficas e econômicas afetam a direção na distribuição de rendas e o crescimento econômico, e não o contrário". A essa crítica, Le Roy respondeu dizendo que o seu modelo não é um simples, mas sim um complexo modelo "neomalthusiano", que incorpora a estrutura de classes (Brenner, 1976, esp. p.31; Le Roy Ladurie, 1978). Ficamos assim com dois modelos contrários de mudança social: um modelo demográfico que incorpora as classes sociais, e um modelo classista que incorpora a demografia. Como no caso do debate sobre liberdade

---

[32] Algumas críticas foram feitas por Yves Bercé in *Bibliothéque de l'école des Chartes* 125, 1967, p.444-50.

e determinismo a respeito de *O Mediterrâneo* de Braudel, parece não haver meios de decidir a questão empiricamente.

Aceite-se ou não o modelo explicativo do autor, *Les Paysans de Languedoc* impõe admiração por sua vitoriosa e incomum combinação de meticulosa história quantitativa e econômica com uma história política, religiosa e psicológica, brilhantemente impressionista. Vendo esse estudo vinte anos depois de sua publicação, agora está claro que Le Roy foi o primeiro a notar as insuficiências do paradigma braudeliano e a trabalhar para modificá-lo. Essas modificações, em grande parte obra da terceira geração dos *Annales*, são o tema do próximo capítulo.

4
A Terceira Geração

O surgimento de uma terceira geração tornou-se cada vez mais óbvio nos anos que se seguiram a 1968. Em 1969, quando alguns jovens como André Burguière e Jacques Revel envolveram-se na administração dos *Annales*; em 1972, quando Braudel aposentou-se da Presidência da VI Seção, ocupada, em seguida, por Jacques Le Goff; e em 1975, quando a velha VI Seção desapareceu e Le Goff tornou-se o presidente da reorganizada École des Hautes Études en Sciences Sociales, sendo substituído, em 1977, por François Furet.

Mais significativas, contudo, do que as tarefas administrativas foram as mudanças intelectuais ocorridas nos últimos vinte anos. O problema está em que é mais difícil traçar o perfil da terceira geração do que das duas anteriores. Ninguém neste período dominou o grupo como o fizeram Febvre e Braudel. Alguns comentadores chegaram mesmo a falar numa fragmentação (Dosse, 1987).

Deve-se admitir, pelo menos, que o policentrismo prevaleceu. Vários membros do grupo levaram mais adiante o projeto de Febvre, estendendo as fronteiras da história de forma a permitir a incorporação da infância, do sonho, do corpo e, mesmo, do odor.[1] Outros solaparam o projeto pelo retorno à história política e à dos eventos. Alguns continuaram a praticar a história quantitativa, outros reagiram contra ela.

A terceira geração é a primeira a incluir mulheres, especialmente Christiane Klapisch, que trabalhou sobre a história da família na Toscana durante a Idade Média e o Renascimento; Arlette Farge, que estudou o mundo social das ruas de Paris no século XVIII; Mona Ozouf, autora de um estudo muito conhecido sobre os festivais durante a Revolução Francesa; e Michèle Perrot, que escreveu sobre a história do trabalho e a história da mulher (Klapisch, 1981; Farge, 1987, Ozouf, 1976, Perrot, 1974). Os historiadores anteriores dos *Annales* haviam sido criticados pelas feministas por deixarem a mulher fora da história, ou mais exatamente, por terem perdido a oportunidade de incorporá-la à história de maneira mais integral, já que haviam obviamente mencionado as mulheres de tempo em tempo, desde Marguerite de Navarre às chamadas bruxas (Fauré, 1980; Stuard, 1981). Nesta geração, contudo, a crítica torna-se cada vez mais improcedente. Georges Duby e Michèle Perrot, por exemplo, estão empenhados em organizar uma história da mulher em vários volumes.

Esta geração, por outro lado, é mais aberta a ideias vindas do exterior. Muitos dos seus membros viveram um ano ou mais nos Estados Unidos, em Princeton, Ithaca, Madison ou San Diego. Diferentemente de Braudel, falam e escrevem em inglês. Por diferentes caminhos, tentaram fazer uma síntese entre a tradição dos *Annales* e as tendências intelectuais americanas – como a psico-história, a nova história econômica, a história da cultura popular, antropologia simbólica etc.

Novas abordagens estão ainda sendo exploradas por historiadores identificados com o movimento dos *Annales*, como este capítulo

---

[1] Sobre o odor, ver Corbin (1982).

tentará demonstrar. O centro de gravidade do pensamento histórico, porém, não está mais em Paris, como seguramente esteve entre os anos 30 e 60. Inovações parecidas acontecem mais ou menos ao mesmo tempo em diferentes partes do globo. A história das mulheres, por exemplo, tem se desenvolvido não só na França, mas também nos Estados Unidos, Grã-Bretanha, Holanda, Escandinávia, Alemanha Ocidental e na Itália. A história geral das mulheres, planejada por Georges Duby e Michèle Perrot, está sendo escrita não para uma editora francesa, mas para a Laterza. Há mais do que um centro de inovação – ou centro nenhum.

Nas páginas que se seguem, concentrar-me-ei em três temas maiores: a redescoberta da história das mentalidades, a tentativa de empregar métodos quantitativos na história cultural e, finalmente, a reação contrária a tais métodos, quer tomem a forma de uma antropologia histórica, um retorno à política ou o ressurgimento da narrativa. O preço a ser pago por esta decisão é, infelizmente, ter de excluir um bom número de trabalhos interessantes, especialmente a contribuição feita à história das mulheres por Farge, Klapisch, Perrot e outros. É a única maneira de evitar, contudo, que este capítulo seja tão fragmentado quanto dizem que é a escola *dos Analles*.

I Do porão ao sótão

Como vimos, na geração de Braudel, a história das mentalidades e outras formas de história cultural não foram inteiramente negligenciadas, contudo, situavam-se marginalmente ao projeto dos *Annales*. No correr dos anos 60 e 70, porém, uma importante mudança de interesse ocorreu. O itinerário intelectual de alguns historiadores dos *Annales* transferiu-se da base econômica para a "superestrutura" cultural, "do porão ao sótão".[2]

---

2 Vovelle (1982) admite ter percorrido o mesmo itinerário e observa que a frase foi cunhada por Le Roy Ladurie, antes de ter seguido um roteiro semelhante.

Por que isso teria acontecido? A mudança de interesse, estou convencido, foi em parte uma reação contra Braudel. Como foi também, de outra parte, uma reação mais ampla contra qualquer espécie de determinismo.

Foi realmente um historiador da geração de Braudel quem despertou a atenção pública para a história das mentalidades, através de um livro notável, quase sensacional, publicado em 1960. Philippe Ariès era um historiador diletante, "um historiador domingueiro", como ele próprio se chamava, que trabalhava num instituto de frutos tropicais, devotando seu tempo de lazer à pesquisa histórica. Demógrafo histórico por formação, Ariès veio a rejeitar a perspectiva quantitativa (da mesma maneira que rejeitou outros aspectos do mundo burocrático-industrial moderno). Seus interesses direcionaram-se para a relação entre natureza e cultura, para as formas pelas quais uma cultura vê e classifica fenômenos naturais tais como a infância e a morte.

Em seu estudo sobre as famílias e as escolas durante o antigo regime, Ariès defende que a ideia de infância ou, mais exatamente, que o sentimento da infância não existia na Idade Média. O grupo etário que chamamos de "crianças" era visto, mais ou menos, como animais até a idade de sete anos e quase como uma miniatura dos adultos daí em diante. A infância, de acordo com Ariès, foi descoberta na França, na altura do século XVII. Foi por esse tempo que, por exemplo, roupas especiais eram destinadas às crianças, como a "robe" para meninos. Cartas e diários do período documentam o interesse crescente dos adultos no comportamento das crianças, que tentavam, algumas vezes, reproduzir a fala infantil. Baseou-se também em registros iconográficos, como o crescente número de quadros de crianças, para ilustrar a hipótese de que a consciência da infância como uma fase do desenvolvimento humano retroage ao limiar dos tempos modernos – não vai além (Ariès, 1960).

L'Enfant et la vie familiale sons l'Ancien Regime é um livro polêmico e foi mesmo criticado por muitos historiadores, justa e injustamente. Especialistas na Idade Média encontraram evidências contra suas generalizações excessivas sobre o período. Outros historiadores criticaram Ariès por estudar a evolução europeia, apoiando-se tão somente em evidências quase que exclusivamente limitadas à França, e por não distinguir com mais clareza entre as atitudes dos homens e das mulheres, das elites e do povo comum.[3] Pelo sim, pelo não, foi uma contribuição de Ariès colocar a infância no mapa histórico, inspirar centenas de estudos sobre a história da criança em diferentes regiões e períodos, e chamar a atenção de psicólogos e pediatras para a nova história.

Seus últimos anos foram dedicados a estudos sobre as atitudes perante a morte, focalizando de novo um fenômeno da natureza refratado pela cultura, a cultura ocidental, e atendendo a um famoso reclamo de Lucien Febvre, em 1941, "Nós não possuímos uma história da morte" (Febvre, 1973, p.24). Seu alentado livro, *L'homme devant la mort*, distingue, num panorama de seu desenvolvimento sob uma muito longa duração, quase mil anos, uma sequência de cinco atitudes, que vão desde a "morte domada" da baixa Idade Média, uma visão definida com um "compósito de indiferença, resignação, familiaridade e ausência de privacidade", ao que ele chama "morte invisível" (*la mort inversée*), de nossa própria cultura, na qual, subvertendo as práticas vitorianas, tratamos a morte como um tabu e discutimos abertamente o sexo (Ariès, 1977). *L'homme devant la mort* tem os mesmos méritos e defeitos do livro *L'Enfant et la vie familiale sous l'Ancien Regime*. Nele se encontram a mesma audácia e a mesma originalidade, o mesmo uso de uma ampla variedade de evidências, que inclui literatura e arte, mas não a estatística, e a mesma vontade de não traçar cartas regionais ou sociais de diferenças.[4]

O livro de Philippe Ariès foi particularmente um desafio aos demógrafos históricos; um desafio ao qual alguns deles responderam dando maior atenção ao papel dos valores e das "mentalidades" no

---

3 As críticas mais pertinentes estão em Herlihy (1978, p.109-31); Hunt (1970, p.32-51); e Pollock (1983).
4 Para um balanço imparcial das contribuições de Ariès, ver McManners (1981, p.116 ss.).

"comportamento demográfico"; em outras palavras, pelo estudo da família, da sexualidade e, como desejava Febvre, da história do amor. A figura central desse desdobramento é Jean-Louis Flandrin, cujos estudos sobre o antigo regime francês direcionaram-se para questões tais como a natureza da autoridade paterna, atitudes em relação às crianças, a influência do ensino religioso sobre a sexualidade e sobre a vida emocional dos camponeses (Flandrin, 1976). Os estudos nessa área muito contribuíram para estabelecer uma ponte entre a história das mentalidades baseada em fontes literárias (por exemplo, o *Rabelais* de Febvre) e a história social, que negligenciava o estudo de valores e atitudes.

No interior do grupo dos *Annales*, alguns historiadores sempre estiveram envolvidos prioritariamente com os fenômenos culturais. Tome-se o exemplo de Alphonse Dupront, um historiador da geração de Braudel, não muito conhecido, mas cuja influência sobre a nova geração foi considerável.[5] Desse ponto de vista, ele pode ser considerado o Labrousse da história cultural. Sua tese doutoral, que despertou uma atenção favorável de Braudel por sua preocupação com as atitudes inconscientes, analisava a ideia da "cruzada" como uma instância da sacralização, uma guerra santa para a conquista dos lugares sagrados (Braudel, 1969, p.32, 57). Mais recentemente, voltou a sua atenção para a peregrinação, interpretada como uma busca do sagrado e um exemplo da "sensibilidade coletiva" em relação a lugares de poder cósmico como Lurdes ou Rocamadour. Seu interesse pelos espaços sagrados inspirou alguns de seus discípulos a investigar as mudanças nos projetos arquitetônicos das igrejas e o significado simbólico dessas mudanças. Combina seu interesse pelos grandes temas – como o sagrado – com uma grande precisão no inventário ou na cartografia das (ditas) imagens miraculosas. Dupront tem trabalhado, durante toda a sua carreira, no sentido de

---

5 Entre os que assistiram a seus seminários estavam Jean-Louis Flandrin, Dominique Julia, Mona Ozouf e Daniel Roche.

relacionar a história da religião com a psicologia, sociologia e com a antropologia (Dupront, 1961, 1965, 1974, 1987).

A figura principal na psicologia histórica *à la Febvre* foi o falecido Robert Mandrou (Joutard/ Lecuir, 1985). Logo após a morte de Febvre, Mandrou encontrou entre seus papéis um arquivo contendo notas sobre um livro não escrito, que deveria ter sido a continuação do *Rabelais*, sobre o nascimento da mentalidade moderna francesa. Decidiu prosseguir a obra de seu mestre e publicou sua *Introduction à la France Moderne*, com o subtítulo "Um ensaio em psicologia histórica – 1500-1640", em que incluía capítulos sobre saúde, emoções e mentalidades (Mandrou, 1961). Logo depois da publicação desse livro, ocorreu a ruptura entre Braudel e Mandrou. Quaisquer que tenham sido as razões pessoais, a ruptura se produziu no decorrer de um debate sobre o futuro do movimento dos *Annales*. Nessa discussão, Braudel defendeu a inovação, enquanto Mandrou preferia a herança de Febvre, o que ele chamava "o estilo original" (*Annales première manière*), em que a psicologia histórica ou a história das mentalidades desempenhavam um papel importante.

Mandrou prosseguiu em sua abordagem com a publicação de um livro sobre a cultura popular nos séculos XVII e XVIII e, depois, com um estudo sobre *Magistrats et sorciers en France au XVIIe siècle* com o subtítulo "Uma análise de psicologia histórica" (Mandrou, 1968). Ambos os temas, bruxaria e cultura popular, rapidamente atraíram, na época, um interesse histórico crescente. Jean Delumeau, que iniciara a carreira como historiador socioeconômico, transferiu suas preocupações com a produção de alumem nos estados papais para os problemas da história da cultura. Sua primeira tentativa foi no sentido da história da Reforma e da denominada "descristianização" da Europa. Mais recentemente, Delumeau voltou-se para a psicologia histórica, no sentido febvriano do termo, e escreveu uma ambiciosa história do medo e da culpa no Ocidente, discriminando "os medos da maioria" (o mar, fantasmas, pragas e fome) dos medos da "cultura dominante" (satã, judeus, mulheres – principalmente feiticeiras).

Psico-História – Delumeau utilizou, ocasionalmente, as ideias de psicanalistas como Wilhelm Reich e Erich Fromm. Havia sido precedido nesse sentido por Le Roy Ladurie, cujo *Les Paysans de Languedoc* (1966), analisado no capítulo anterior, incluía livros de Freud na bibliografia, espremidos entre um estudo dos preços do trigo em Toulose e uma análise da estrutura de classes no início da sociedade moderna. Le Roy descreveu o carnaval de Romans como um psicodrama, "que dava acesso imediato a criações do inconsciente", tais como fantasias de canibalismo, e interpretou as convulsões proféticas dos *camisards* em termos de histeria. Ele foi, porém, o primeiro a admitir: "Cavalier e Mazel (os líderes da revolta), não podem deitar-se no divã de um hipotético historiador psicanalista. Pode-se apenas neles observar certos traços evidentes que geralmente encontramos em casos de histeria semelhantes" (Le Roy Ladurie, 1966, p.196, 284). Da mesma maneira, Le Roy observa um aspecto antes negligenciado nos julgamentos por feitiçaria: a acusação de que feiticeiras tornavam sua vítima impotente fazendo um nó durante a cerimônia do casamento, um ritual que interpretou persuasivamente como uma castração simbólica (Le Roy Laurie, 1978, cap.3).

Outros membros do grupo dos *Annales* iam na mesma direção, especialmente Alain Besançon, um especialista na Rússia do século XIX, que escreveu um longo ensaio na revista sobre as possibilidades do que ele denominava "história psicanalítica". Tentou pôr em prática essas possibilidades num estudo sobre pais e filhos. O estudo focalizava dois tzares, Ivã, o Terrível, e Pedro, o Grande, o primeiro matou seu filho, e o segundo condenou o seu à morte (Besançon, 1968, 1971).

Lucien Febvre tomou emprestadas suas ideias sobre a psicologia de Blondel e Wallon. Besançon, Le Roy Ladurie e Delumeau tomaram suas ideias principalmente de Freud, dos freudianos ou neofreudianos. O estilo americano de psico-história, orientado no sentido do estudo de indivíduos, finalmente encontrou a psicologia histórica francesa, dirigida no sentido do estudo de grupos, embora as duas correntes não se tenham fundido numa síntese.

Ideologias e Imaginário Social – Contudo, a tendência principal ia numa direção diferente. Dois dos mais destacados historiadores recrutados para a história das mentalidades, no início dos anos 60, foram os medievalistas Jacques Le Goff e Georges Duby. Le Goff, por exemplo, publicou um famoso artigo em 1960 sobre "O tempo dos mercadores e o tempo da Igreja na Idade Média" (Le Goff, 1977, p.29-42). Em seu estudo sobre o problema do ateísmo no século XVI, Febvre havia analisado o que chamara de o "flutuante" ou "impreciso" sentido de tempo de um período em que as pessoas frequentemente desconheciam a própria idade e mediam seu dia não pelo relógio, mas pelo sol (Febvre, 1942, p.393-9). Le Goff sofisticou as generalizações de Febvre, elas mesmas um pouco imprecisas, e discutiu o conflito entre as concepções do clero e as dos mercadores.

Sua contribuição mais substancial, contudo, para a história das mentalidades, ou à história do "imaginário medieval", como agora denomina, foi realizada vinte anos depois com a publicação do *La naissance du Purgatoire*, uma história das mudanças das representações da vida depois da morte. Segundo Le Goff, o nascimento da ideia de Purgatório fazia parte da "transformação do cristianismo feudal", havendo conexões entre as mudanças intelectuais e as sociais. Ao mesmo tempo, insistia na "mediação" de "estruturas mentais", de "hábitos de pensamento", ou de "aparatos intelectuais", em outras palavras, de mentalidades, observando que, nos séculos XII e XIII, surgiram novas atitudes em relação ao tempo, espaço e número, inclusive o que ele chamava do "livro contábil da vida depois da morte".[6]

No que concerne a Georges Duby, ele fez sua reputação como um historiador social e econômico da França medieval. Sua tese, publicada em 1953, teve como tema a sociedade na região de Macon. Em seguida, publicou um substancial trabalho de síntese sobre a economia rural do Ocidente medieval. Ambos os estudos

---

6 Le Goff (1981, p.227 ss.). A frase foi utilizada como título de um ensaio de um de seus discípulos (ver p.100).

seguem de perto a tradição estabelecida pelos livros de Bloch *La societé feodal* e *Les caractéres originaux de l'histoire rurale française*. Na década de 60, como seus interesses moveram-se gradualmente em direção à história das mentalidades, colaborou com Mandrou em sua história cultural da França. Posteriormente, foi além de Bloch e do estilo original dos *Annales*. Inspirado em parte na teoria social neomarxista, preocupou-se com a história das ideologias, da reprodução cultural e do imaginário social, que procura combinar com a história das mentalidades. Seu mais importante livro, *Les trois ordres*, em muitos aspectos, caminha paralelamente ao livro de Le Goff, *O Purgatório*. Sua investigação recai sobre o que autor denomina "as relações entre o mental e o material no decorrer da mudança social, através do estudo de caso, a saber, o da representação coletiva da sociedade dividida em três grupos, padres, cavaleiros e camponeses, isto é, os que rezam, os que guerreiam e os que trabalham" (ou lavram – o verbo latino *laborare* é convenientemente ambíguo).

Duby está perfeitamente ciente de que, como o grande historiador clássico Georges Dumézil havia assinalado, essa concepção de sociedade formada de três grupos que exercem as três funções básicas está entranhada na tradição Indo-Europeia e pode ser encontrada desde a antiga Índia à Gália dos tempos de César. Duby mostra, tal como os medievalistas haviam feito antes, que essa imagem de três ordens tem a função de legitimar a exploração dos camponeses por seus senhores, sugerindo que cada um desses grupos serve a sociedade de maneira diversa. Sua análise, porém, não para aí. O que lhe interessa é saber a razão pela qual é reativada essa concepção tripartite da sociedade, de Wessex à Polônia, e do nono século em diante, através de uma longa discussão do contexto sociopolítico desse ressurgimento, especialmente na França, onde a imagem ressuscitou no início do século XI.

Duby sugere que a reativação da imagem corresponde a uma nova necessidade. Numa época de crise política, como na França do século XI, foi uma "arma" nas mãos dos monarcas, que proclamavam concentrar em sua própria pessoa as três funções básicas. Latente na "mentalidade" da época, esse sistema intelectual foi concretizado como ideologia com finalidades políticas. Ideologia, observa Duby, não é um reflexo passivo da sociedade, mas um projeto para agir sobre ela (Duby, 1978).

A concepção de ideologia de Duby não está longe da de Louis Althusser, que a definiu, um dia, como "a relação imaginária dos indivíduos com as condições reais de sua existência".[7] De maneira similar à de Duby, um especialista em século XVIII, Michel Vovelle, fez uma séria tentativa de fundir a história *das mentalidades coletivas*, no estilo de Febvre ou Lefebvre, com a história marxista das ideologias (Vovelle, 1982, esp. p.5-17).

Não é tão surpreendente encontrar contribuições importantes à história das mentalidades feitas por medievalistas como Duby e Le Goff. A distância temporal que nos separa da Idade Média, sua "alteridade", coloca problemas que uma abordagem desse tipo auxilia resolver. Por outro lado, os tipos de fontes que restaram da Idade Média não são menos aceitáveis para uma outra das novas abordagens da cultura, a história serial.

II O "terceiro nível" da história serial

A história das mentalidades não foi marginalizada nos *Annales*, em sua segunda geração, apenas porque Braudel não tinha interesse nela. Existiram pelo menos, duas outras razões mais importantes para essa marginalização. Em primeiro lugar, um bom número de historiadores franceses acreditava, ou pelo menos pressupunha, que a história social e econômica era mais importante, ou mais fundamental, do que outros aspectos do passado. Em segundo lugar, a nova abordagem quantitativa, analisada no capítulo anterior, não

---

7 Althusser (1970). Duby (1987, p.119), confessa seu débito em relação a Althusser.

encontrava no estudo das mentalidades o mesmo tipo de sustentação oferecido pela estrutura socioeconômica.

A abordagem quantitativa ou serial segue as linhas definidas por Chaunu, num manifesto bastante conhecido em favor do que denomina (seguindo uma observação feita por Ernest Labrousse) "o quantitativo no terceiro nível" (Chaunu, 1973). O artigo de Lucien Febvre, "Amiens, da Renascença à Contrarreforma", publicado nos *Annales* em 1941, mostra a importância do estudo das séries de documentos (no caso, inventários *post mortem*), na longa duração, a fim de mapear mudanças de atitudes e mesmo no gosto artístico (Febvre, 1973, p.193-207). Observe-se, contudo, que Febvre não oferecia a seus leitores estatísticas precisas. A abordagem estatística foi desenvolvida para estudar a história da prática religiosa, a história do livro e a história da alfabetização. Espraiou-se, algum tempo depois, para outros domínios históricos.

A ideia de uma história da prática religiosa francesa, ou de uma sociologia retrospectiva do catolicismo francês, baseada em estatísticas da frequência à comunhão, das vocações religiosas etc., remonta a Gabriel Le Bras, que publicou um artigo sobre o tema, em 1931 (Le Bras, 1931). Le Bras, um sacerdote católico que fora também colega de Febvre e Bloch em Estrasburgo, tinha um grande interesse em teologia, história, legislação e sociologia. Criou uma escola de historiadores da Igreja e sociólogos da religião, que estavam particularmente preocupados com o que chamavam de "descristianização" da França do final do século XVIII em diante, investigando a questão através de métodos quantitativos.

Le Bras e seus seguidores não pertenceram ao grupo dos *Annales* – eram geralmente padres e possuíam seus próprios centros e revistas, tais como a *Revue de l'histoire de l'église de France*. Contudo, o trabalho de Le Bras (vivamente acolhido por seu antigo colega Lucien Febvre) e de seus seguidores era claramente inspirado pelos *Annales*.[8]

---

[8] Febvre resenhou o trabalho de Le Bras in *Annales*, 1943 (1973, p.268-75).

Pode-se tomar como um exemplo desse substancial corpo de trabalho a tese sobre a diocese de La Rochelle, nos séculos XVII e XVIII. É estruturada de maneira muito próxima de um dos estudos regionais associados aos *Annales*, iniciando-se pela descrição geográfica da diocese, passa pela discussão da situação religiosa e finaliza com os acontecimentos e tendências de 1648 a 1724. A utilização dos métodos quantitativos lembra também as monografias regionais dos discípulos de Braudel e Labrousse.[9]

Por seu lado, a obra do círculo de Le Bras (como o de Ariès) inspirou alguns historiadores dos *Annales* quando se elevaram do porão ao sótão. Estudos regionais mais recentes sobre Anjou, Provença, Avignon e Bretanha dedicaram-se mais fortemente à cultura do que seus predecessores e, em particular, às atitudes diante da morte. Como escreveu Le Goff no prefácio de um desses estudos, "a morte está na moda" (Lebrun, 1971; Vovelle, 1973; Chiffoleau, 1980; Croix, 1983).

O mais original desses trabalhos é o de Vovelle. Um historiador marxista da Revolução Francesa, "formado na escola de Ernest Labrousse", como ele próprio diz, Vovelle interessou-se pelo problema da "descristianização". Sua ideia foi a de tentar mensurar esse processo pelo estudo das atitudes diante da morte e o além tal como são reveladas nos testamentos. O resultado, consubstanciado em sua tese doutoral, foi um estudo da Provença fundamentado na análise sistemática de cerca de 30 mil testamentos. Onde historiadores anteriores haviam justaposto evidências quantitativas sobre mortalidade com evidências mais literárias sobre as atitudes frente à morte, Vovelle quis mensurar mudanças no pensamento e no sentimento. Deu atenção, por exemplo, às referências feitas à proteção dos santos padroeiros; ao número de missas que o testador encomenda para a salvação de sua alma; aos arranjos feitos para os funerais e mesmo ao peso das velas acendidas durante a cerimônia.

---

9 Pérouas (1964). Comparar com a abordagem de Marcilhacy (1964).

Vovelle identificou uma mudança bastante significativa no que denominou de "pompa barroca" dos funerais do século XVII para a singeleza dos funerais do século XVIII. Sua principal pressuposição era a de que a linguagem dos testamentos refletia "o sistema de representações coletivas"; sua conclusão mais importante foi a identificação de tendências à secularização, sugerindo que a "descristianização" nos anos da Revolução Francesa foi espontânea e não imposta de cima, por fazer parte de uma tendência mais ampla. Digna de nota é a maneira pela qual Vovelle mapeia a expansão das novas atitudes da nobreza para com os artesãos e camponeses, das grandes cidades, como Aix, Marselha e Toulon, através de pequenas cidades, Barcelonette, por exemplo, para as pequenas vilas. Sua argumentação era ilustrada com uma grande quantidade de mapas, gráficos e tabelas.

Piété baroque et Dechristianisation, título do estudo de Vovelle, produziu uma certa sensação intelectual, graças particularmente ao uso virtuoso das estatísticas, acompanhado de um agudo senso das dificuldades em interpretá-las. Foi esse livro que levou Chaunu a organizar uma investigação coletiva sobre as atitudes diante da morte na Paris do início da época moderna, utilizando métodos semelhantes (Chaunu, 1978b).[10] O que Ariès vinha realizando sozinho no campo da história da morte, em seu estilo deliberadamente impressionista, foi assim completado por pesquisas coletivas e quantitativas de profissionais.[11]

Essa apropriação da vida depois da morte por historiadores laicos, armados de computadores, é ainda o mais notável exemplo da história serial de terceiro nível. Outros historiadores da cultura, porém, utilizaram de maneira eficiente os métodos quantitativos, especialmente na história da alfabetização e na história do livro.

O estudo da alfabetização é um outro campo da história cultural que conduz à pesquisa coletiva e à análise estatística. De fato, um diretor de escola francês levou a cabo pesquisas nessa área, no período

---

10 Chaunu (1987, p.92) admite ter ficado "perturbado" com a tese de Vovelle.
11 Para uma análise lúcida e judiciosa desse corpo de obras, ver McManners (1981).

da década de 1870, utilizando como fonte assinaturas em registros de casamento, o que o levou a notar profundas diferenças nos vários departamentos, bem como o crescimento da alfabetização a partir do século XVII. Na década de 50, dois historiadores reanalisaram seus dados e apresentaram, sob a forma de mapas cartográficos, o dramático contraste entre duas Franças, separadas por uma linha que ia de St. Maio a Genebra. Na parte nordeste dessa linha, a alfabetização era relativamente elevada, enquanto na parte sudoeste era baixa (Fleury; Valmary, 1957).

O projeto mais importante nesse campo, iniciado na década de 70, foi levado a efeito na École des Hautes Études, dirigido por François Furet – um discípulo de Ernest Labrousse, que havia trabalhado antes sobre a análise quantitativa das estruturas sociais – e Jacques Ozouf. O tema do projeto era a mudança dos níveis de alfabetização, na França do século XVI ao XIX (Furet; e Ozouf, 1977). Os pesquisadores utilizaram fontes mais variadas, do recenseamento às estatísticas do exército sobre os conscritos, o que os habilitava antes a afirmar do que a presumir a correlação entre a habilidade de assinar o próprio nome à capacidade de ler e escrever. Confirmaram a tradicional divisão entre duas Franças, mas sofisticaram a análise estabelecendo distinções dentro das regiões. Entre outras conclusões interessantes, notaram que, no século XVIII, a alfabetização cresceu mais rapidamente entre as mulheres do que entre os homens.

As pesquisas sobre a alfabetização foram acompanhadas de pesquisas sobre o que os franceses chamam de "a história do livro". Pesquisas que não se preocupavam com os grandes livros, mas com as tendências da sua produção e com os hábitos de leitura dos diferentes grupos sociais (Roche; Chartier, 1974). O estudo de cultura popular de Robert Mandrou, já mencionado anteriormente, por exemplo, lidava com literatura de Cordel, a chamada "Biblioteca Azul" (Mandrou, 1964).[12] Tais livros, que custavam um ou dois *sous*, eram

---

[12] *La Bibliothèque Bleue* tinha esse nome porque suas capas eram feitas de papel azul, utilizado para empacotar açúcar.

distribuídos por mascates e produzidos em grande parte por famílias de impressores em Troyes, localizada na região Nordeste da França, onde a taxa de alfabetização era elevada. Mandrou examinou cerca de 450 títulos, assinalando a importância da leitura religiosa (120 títulos), almanaques e mesmo romances de cavalaria. Concluiu que essa literatura era essencialmente uma "literatura de evasão", lida especialmente pelos camponeses e que revelava uma mentalidade "conformista". Estas duas últimas conclusões foram contestadas por outros pesquisadores que trabalharam no mesmo assunto.

Ao mesmo tempo em que Mandrou, a VI Seção lançou um projeto de pesquisa coletiva sobre a história social do livro no século XVIII francês (Bolléme, 1965). A figura-chave da história do livro, porém, é um outro colaborador de Febvre, Henri-Jean Martin, da Biblioteca Nacional. Martin colaborara com Febvre na elaboração de um levantamento geral da invenção e expansão da impressão, *L'Apparition du livre*, 1958. Prosseguiu seu trabalho escrevendo um rigoroso estudo quantitativo sobre o comércio do livro e o público leitor do século XVII francês, no qual analisava não somente as tendências da produção do livro, mas também as mudanças no gosto dos diferentes grupos de leitores, especificamente os magistrados do parlamento de Paris, tais como são reveladas, em suas bibliotecas particulares, pela proporção dos livros em diversas áreas (Martin, 1969). Daí em diante, Martin dirigiu um maciço trabalho coletivo sobre a história do livro na França (Martin e Chartier, 1983-86).

Um dos principais colaboradores nessas empresas coletivas, Daniel Roche, organizou um grupo de pesquisa próprio, em meados da década de 70, para estudar a vida cotidiana do povo comum na Paris do século XVIII. No livro que se seguiu à pesquisa coletiva, *Le peuple de Paris*, um capítulo substancial foi dedicado à literatura popular, concluindo que ler e escrever desempenhava um papel importante na vida de alguns grupos no interior das classes inferiores, os criados em especial (Roche, 1981, cap. 7). O lado mais surpreendente do livro, contudo, é a localização dessa análise da leitura no interior da estrutura de um estudo da cultura material do parisiense comum. Esse é um estudo de história serial, baseado essencialmente em inventários *post mortem*, repletos de detalhes sobre as roupas e os móveis do defunto, detalhes que Roche interpreta com grande habilidade, visando construir um retrato da vida cotidiana. Ainda recentemente, escreveu uma história social do vestuário do início da França moderna, de novo mesclando seus interesses pela antropologia histórica, característica da terceira geração, com os mais rigorosos métodos do seu antigo mestre Labrousse (Roche, 1989).

III Reações: antropologia, política e narrativa

A abordagem quantitativa da história em geral, ou da história cultural em particular, pode ser criticada, obviamente, como reducionista. De maneira geral, o que se pode medir não é o mais importante. Os historiadores quantitativos podem contar as assinaturas nos registros de casamentos, os livros em bibliotecas particulares, os que comungam na Páscoa, as referências ao juízo divino etc. O problema que permanece é o de saber se essas estatísticas são indicadores seguros de alfabetização, de religiosidade ou de qualquer coisa que o historiador queira investigar. Alguns historiadores levantaram dúvidas quanto à validade desses números, outros aceitaram-na. Alguns fizeram uso de outros tipos de evidência para tornarem suas estatísticas significativas; outros não. Alguns assinalaram que tratavam de pessoas reais, outros esqueceram esse fato. Qualquer avaliação do movimento necessita discriminar a mais modesta e a mais calorosa defesa do método, e também as formas de aplicação, umas cruamente, outras com fineza.

No final da década de 70, os inconvenientes dessa espécie de história tornaram-se visíveis. De fato, houve algo como que uma reação negativa indiscriminada contra a abordagem quantitativa. Ao mesmo tempo se formava uma reação contrária ao que os *Annales* defendiam, especialmente contra o domínio da história estrutural e social. Olhando para o lado positivo dessas reações, podemos distinguir três correntes: uma mudança antropológica, um retorno à política e um ressurgimento da narrativa.

A viragem antropológica – A viragem antropológica pode ser descrita, com mais exatidão, como uma mudança em direção à antropologia cultural ou "simbólica". Afinal de contas, Bloch e Febvre leram o seu Frazer e seu Lévy-Bruhl e usaram essas leituras em suas obras sobre a mentalidade medieval e seiscentista. Braudel era familiarizado com a obra de Marcel Mauss, que fundamenta sua discussão sobre fronteiras e intercâmbios culturais. Na década de 60, Duby utilizara os trabalhos de Mauss e Malinowski sobre a função dos presentes, a fim de entender a história econômica da baixa Idade Média (Duby, 1973).

Tudo o que os historiadores anteriores pareciam desejar de sua disciplina vizinha era a oportunidade de sobrevoá-la, de tempos em tempos, em busca de novos conceitos. Alguns historiadores das décadas de 70 e 80, contudo, demonstraram intenções mais sérias. Podiam mesmo pensar em termos de casamento, em outras palavras em termos de "antropologia histórica" ou de "etno-história" (Burguière, 1978).

Mas o que mais atraía esses historiadores era a nova "antropologia simbólica". Os nomes que surgem em suas notas de rodapé incluem Erving Goffman e Victor Turner (que realçam os aspectos dramáticos da vida cotidiana), Pierre Bourdieu e Michel de Certeau. Bourdieu, que havia trocado os estudos antropológicos da Argélia pela sociologia da França contemporânea, exerceu influência em diversos aspectos. Suas ideias sobre a sociologia da educação (uma de suas principais áreas de interesse), especificamente a ideia da educação como um instrumento de "reprodução social", lastreou estudos recentes sobre a história social das escolas e da universidades (Bourdieu, 1970; Chartier, Compére e Julia, 1976). Seu conceito de "capital simbólico" fundamenta alguns trabalhos recentes sobre a história do consumo ostensivo. Historiadores de mentalidades, cultura popular e da vida cotidiana, todos aprenderam com a "teoria da prática" de Bourdieu. A substituição da ideia de "regras sociais" (que considera muito rígida e determinista) por conceitos mais flexíveis como "estratégia" e "habitus" afetou de tal maneira a prática dos historiadores franceses que seria ilusório reduzi-la a exemplos específicos, como as estratégias matrimoniais dos nobres na Idade Média (Bourdieu, 1972).

Outra influência ampla é a do falecido Michel de Certeau, um jesuíta especialista na história da religião. Contudo, era impossível atá-lo a uma única disciplina. Foi, entre outras coisas, psicanalista, e sua análise dos casos de possessão diabólica durante o século XVII, original e importante (De Certeau, 1975, caps.6 e 8). Mais influentes, porém, foram suas contribuições em outros três campos. Juntamente com dois historiadores do grupo dos Annales, escreveu um estudo pioneiro sobre a política da linguagem, analisando pesquisa sobre dialetos locais, realizada durante a Revolução Francesa pelo abade Gregoire, a qual refletia o desejo do regime revolucionário por uniformidade e centralização (De Certeau, Revel e Julia, 1975). Organizou também um estudo coletivo sobre a vida cotidiana contemporânea francesa, em que rejeitou o mito do consumidor passivo e enfatizou o que denominou "o consumo como produção"; em outras palavras, a criatividade do povo comum em adaptar os produtos fabricados em série (dos móveis aos dramas televisivos) às suas necessidades pessoais (De Certeau, 1980). O mais importante de tudo, talvez, seja seus ensaios sobre a escrita da história, concentrando-se sobre o processo que descreve como a construção do "outro" (os índios do Brasil, por exemplo), frequentemente como o inverso da imagem que o escritor tem de si mesmo (De Certeau, 1975).

As ideias de Goffman, Turner, Bourdieu, De Certeau e outros foram adotadas, adaptadas e utilizadas para construir uma história mais antropológica. Jacques Le Goff, por exemplo, vem trabalhando há mais de vinte anos no que pode ser descrito como antropologia cultural da Idade Média, indo da análise estrutural das lendas ao estudo dos gestos simbólicos da vida social, especialmente o rito da vassalagem (Le Goff, 1977, p.225-87, conf. Schmitt,1984). Emmanuel Le Roy Ladurie foi na mesma direção numa série de estudos, dos quais o mais famoso, de longe, é o seu *Montaillou* (1975).

Montaillou é uma aldeia em Ariége, sudoeste da França, região em que a heresia cátara teve influência considerável, em princípios do século XIV. Os heréticos locais foram processados, interrogados e punidos pelo bispo local, Jacques Fournier. Os registros dos interrogatórios sobreviveram e foram publicados em 1965. Foi, sem dúvida, o interesse de Le Roy pela antropologia social que lhe permitiu ver o valor dessa fonte, não somente para o estudo dos cátaros, mas também para a história rural francesa. Ele notou que 25 indivíduos, cerca de um quarto dos suspeitos arrolados, procediam da mesma aldeia. Sua inspiração foi tratar os registros como se fossem gravações de um conjunto de entrevistas com esses 25 indivíduos, mais ou menos dez por cento da população da aldeia. Tudo o que tinha de fazer, diz-nos Ladurie, era reordenar a informação fornecida aos inquisidores, pelos suspeitos sob a forma de um estudo de comunidade do tipo que os antropólogos escrevem frequentemente.[13] Dividiu-o em duas partes. A primeira trabalha com a cultura material de Montaillou, as casas, por exemplo, construídas de pedras sem argamassa, permitindo aos vizinhos observar e ouvir uns aos outros, através das fendas. A segunda parte do livro se preocupa com as mentalidades dos aldeões – seu sentido de tempo e espaço, infância e morte, sexualidade, Deus e natureza.

Como Braudel, Le Roy descreve e analisa a cultura e a sociedade mediterrânica, mas não se pode dizer que tenha esquecido o povo nesse livro. O livro atraiu um vasto grupo de leitores e permanece na memória essencialmente porque o autor tem o dom de trazer os indivíduos de volta à vida, desde o gentil, adepto do "amor-livre", Pierre Maury, "o bom pastor", até a aristocrata local, a sensual

---

13 Os modelos de Le Roy incluem Redfield (1930), Wylie (1957) e Pitt-Rivers (1961).

Beatrice des Planissoles, e seu sedutor, o agressivo e autoconfiante padre Pierre Clergue.

Montaillou é também um estudo de história social e cultural ambicioso. Sua originalidade não reside nas questões postas, que, como já vimos, são as questões propostas por duas gerações de historiadores franceses, incluindo Febvre (sobre o ateísmo) e Braudel (sobre a casa), Ariès (sobre a infância), Flandrin (sobre a sexualidade) e tantos outros. Le Roy foi um dos primeiros a usar os registros da inquisição para a reconstrução da vida cotidiana e suas atitudes, mas não estava sozinho nisso. A novidade de sua abordagem está em sua tentativa de escrever um estudo histórico de comunidade no sentido antropológico – não a história de uma aldeia particular, mas o retrato da aldeia, escrita nas palavras dos próprios habitantes, e o retrato de uma sociedade mais ampla, que os aldeãos representam. *Montaillou* é um primeiro exemplo do que viria a se chamar de "micro-história".[14] Seu autor estudou o mundo através de um grão de areia ou, em sua própria metáfora, o oceano através de um gota de água.

É precisamente sobre esse ponto que se concentraram algumas das mais sérias críticas ao livro.[15] *Montaillou* foi atacado – à parte inexatidões de detalhes – devido ao uso não crítico de sua principal fonte, que Le Roy descreveu, uma vez, como "o testemunho sem intermediário, que traz o camponês sobre si mesmo" (Le Roy Ladurie, 1975, p.9). É claro que nada disso ocorria. Os aldeões depunham em occitanês e seus testemunhos eram escritos em latim. Não era uma conversa espontânea sobre si mesmos, mas respostas a questões sob a ameaça de torturas. Os historiadores não podem permitir-se esquecer esses intermediários entre si e os homens e mulheres que estudam.

---

14 Originariamente um termo italiano, que se aplicou de início ao estudo de Carlo Ginzburg (1976) sobre a visão de mundo de um moleiro do século XVI, também fundamentado nos registros inquisitoriais.

15 Entre as mais penetrantes estão as de Davis (1979), Boyle (1981) e Rosaldo (1986).

A segunda crítica importante ao livro – e da abordagem micro-histórica cada vez mais popular que ajudou a inspirar – traz à tona a questão da tipicidade. Nenhuma comunidade é uma ilha, nem mesmo uma aldeia de montanha como Montaillou. Suas conexões com o mundo exterior, tão distante quanto a Catalunha, emergem claramente do próprio livro. O problema permanece: Que unidade maior representa a aldeia? É uma gota de que oceano? Pressupõe-se que é típica de Ariége, do Sul da França, do mundo mediterrânico ou da Idade Média? Apesar de sua experiência prévia com estatísticas, o autor não chega a discutir este problema metodológico crucial. Teria sido pelo fato de que escreveu *Montaillou* como reação à aridez da história quantitativa?

Como no caso das casas de pedra da própria aldeia, é fácil encontrar fendas no *Montaillou*. É preciso lembrar acima de tudo o poder de seu autor trazer o passado à vida e também colocar em questão os documentos, lendo-os nas entrelinhas e fazendo-os revelar o que nem mesmo os aldeões sabiam que sabiam. É um brilhante *tour de force* da imaginação histórica e uma revelação das possibilidades de uma história antropológica.

Mais paradoxal é a contribuição de Roger Chartier, para esse tipo de história, que é mais conhecido por seu trabalho conjunto com Martin, Roche e outros, sobre a história do livro, discutido no capítulo anterior. Pode parecer estranho descrever um especialista em história da alfabetização como antropólogo histórico, e estou longe de estar seguro de que Chartier aceitaria esse rótulo.[16] Mesmo assim, a força impulsora de seu trabalho vai na mesma direção dos trabalhos recentes em antropologia cultural.

A importância dos ensaios de Chartier está em que exemplificam e discutem uma mudança na abordagem, como ele diz, "da história social da cultura para a história cultural da sociedade". Isto é, os

---

16 Em Chartier (1988), a única discussão extensa sobre a antropologia histórica acontece (durante) de uma crítica a Darnton (1984).

ensaios sugerem que o que os historiadores anteriores, pertencentes ou não à tradição dos *Annales*, geralmente aceitavam como estruturas objetivas devem ser vistas como culturalmente "constituídas" ou "construídas". A sociedade em si mesma é uma representação coletiva.

Os estudos das mentalidades por Philippe Ariès implicavam que a infância e a morte eram construções culturais, mas na obra de Roger Chartier esse ponto torna-se explícito. Ele opta por estudar não tanto os camponeses ou os vagabundos, mas a imagem que deles têm as classes superiores, imagens do "outro".[17] Diferentemente de Furet e Ozouf (ver acima), não discute as diferenças objetivas entre a França do nordeste e a do sudoeste, segundo a linha Saint-Malo e Genebra. Ele se concentra na ideia das "duas Franças", sua história e os efeitos desse estereótipo sobre as políticas governamentais (Chartier, 1988, caps.5, 7, 8). Distanciando-se dos chamados fatores "objetivos", Chartier está de acordo com a antropologia corrente, com os trabalhos recentes sobre "o imaginário" (discutidos acima) e também com o falecido Michel Foucault.

Apesar da crítica de Foucault à ideia de influência, torna-se difícil não utilizar o termo para descrever os efeitos de seus livros sobre os historiadores do grupo dos *Annales*. Graças a ele, descobriram a história do corpo e os liames entre essa história e a história do poder. Importante também no desenvolvimento intelectual de muitos historiadores da terceira geração foi sua crítica aos historiadores, em razão de sua "pobre ideia do real"; em outras palavras, a redução do real ao domínio do social, deixando de fora o pensamento. A recente virada em direção à "história cultural da sociedade", bem exemplificada em Chartier, deve muito à obra de Foucault.[18]

Os estudos de Chartier sobre a história do livro seguem linhas semelhantes e demonstram sua crescente insatisfação com a história das mentalidades e com a história serial do terceiro nível.[19] Seus

---

17 Conf. De Certeau (1975, cap. 5), "o espaço do outro".
18 Citado por Chartier (1988, p.61).
19 Chartier reuniu seus ensaios em um volume (1987).

ensaios sobre a Bibliothèque Bleue, por exemplo, minam a interpretação de Mandrou (discutida anteriormente), por sugerir que essa literatura de Cordel não era lida exclusivamente por camponeses, ou mesmo pelas pessoas comuns. Pelo menos, antes de 1660, os clientes eram geralmente parisienses (Chartier, 1987, p.257).

Um ponto mais geral enfatizado por Chartier é o fato de ser impossível "estabelecer relações exclusivas entre formas culturais específicas e grupos sociais particulares". Isto claramente torna a história da cultura serial bem mais difícil, se não mesmo impossível. Chartier mudou, portanto, sua atenção, seguindo Pierre Bourdieu e Michel De Certeau, para as "práticas" culturais compartilhadas por vários grupos (Bourdieu, 1972; De Certeau, 1980).

Em sua análise dos folhetos e outros textos, o termo central é "apropriação". O popular não deve, ele sugere, ser identificado com um *corpus* particular de textos, objetos, crenças, ou seja o que for. O popular está na "maneira de usar os produtos culturais", tais como festivais ou matéria impressa. Os ensaios de Chartier estão, portanto, profundamente preocupados com a reescritura, com as transformações sofridas pelos textos particulares quando adaptados às necessidades do público, ou mais exatamente de públicos sucessivos.

Uma preocupação semelhante com a apropriação e a transformação subjaz a dos mais impressionantes empreendimentos históricos franceses dos últimos anos, a obra coletiva sobre *Les lieux de la mémoire*, organizada por Pierre Nora, que combina os papéis de historiador e editor (1986). Esses volumes, que discutem temas como a bandeira francesa, a Marselhesa, o Panteão e a imagem do passado tal como é encontrada em enciclopédias e textos escolares, marcam um retorno às ideias de Maurice Halbwachs sobre a estrutura social da memória, ideias que haviam inspirado Marc Bloch, mas que tinham sido negligenciadas pelos historiadores posteriores. Em sua preocupação com os usos do passado pelo presente, exemplificam uma abordagem antropológica, uma antropologia reflexiva neste caso, pois os autores são um grupo de historiadores franceses escrevendo sobre a história francesa. Organizados em torno dos temas "da Revolução" e "da Nação", revelam também um retorno à política.

O retorno à política[20] – Talvez a mais conhecida crítica à chamada Escola dos Annales tem sido a sua pressuposta negligência em relação à política, uma crítica que a revista parece confessar por levar em seu título o lema "economias, sociedades, civilizações", sem mencionar estados. Há de fato alguma razão na crítica, mas é necessário torná-la mais precisa. Febvre e Braudel pouco se preocuparam com a política nacional, o que não ocorreu com um bom número de historiadores proeminentes do grupo, que estiveram envolvidos com a política francesa do pós-guerra, frequentemente como membros – pelo menos, por um certo tempo – do Partido Comunista. As reminiscências de um deles traçam um quadro vivo das reuniões do partido, as denúncias, as expulsões e as demissões nos anos que se seguiram a 1956.[21]

A crítica de negligenciar a política foi, é claro, dirigida contra o trabalho histórico do grupo, mas é necessário nuançar a afirmação. Seria difícil, por exemplo, sustentar esse argumento no caso de Marc Bloch. Seu livro *Les rois thaumaturges* foi escrito como uma contribuição à história das ideias de monarquia. *La societé féodale* se inicia com um resumo das invasões, sofridas pela Europa Ocidental, de viquingues, mulçumanos e húngaros, e inclui um longo capítulo sobre o feudalismo como uma forma de governo.

No caso de Lucien Febvre, a crítica é mais procedente. Apesar de ter discutido longamente a Revolta dos holandeses, em sua tese sobre Felipe II e o Franco-Condado, posteriormente denunciou com sua costumeira veemência a história política e dedicou-se à história das religiões e das mentalidades. Em Braudel, deve-se notar que a seção do *Mediterrâneo* dedicada às estruturas inclui capítulos sobre impérios e a preparação para a guerra. É a história dos aconteci-

---
20 Sobre o "retorno do político", conf. Julliard (1974).
21 Le Roy Ladurie, 1982. O grupo incluía Agulhon, Besançon, Furet, Labrousse, Le Roy Ladurie e Vovelle.

mentos políticos e militares por ele rejeitada em razão de ser a mais superficial espécie de história.

Os estudos regionais dos princípios da França moderna, que levam a chancela dos *Annales*, geralmente se limitavam à história social e econômica. O livro *Beauvais* de Goubert é um exemplo óbvio. Todavia ninguém pode classificar Goubert como um historiador não-político. Escreveu um livro sobre Luís XIV e um estudo sobre o antigo regime no qual o segundo volume trata do poder (Goubert, 1966, 1973). Talvez, a região não seja um contexto adequado para o estudo da política do antigo regime. Esse pressuposto pode ter impedido que os autores de alguns dos estudos regionais incluíssem um capítulo sobre política. Contudo, a obra do discípulo de Mousnier sobre revolta popular e alguns estudos americanos recentes sobre política regional indicam que esse pressuposto estava errado e que uma esplêndida oportunidade para uma "história total" foi perdida (Bercé, 1974; Pillorget, 1975; Beik, 1985). A exceção óbvia à regra, como vimos, é Le Roy Ladurie, que discute as revoltas no Languedoc (se não mesmo a administração da província), e que produziu alguns ensaios explicitamente políticos (Le Roy Ladurie, 1987).

Os medievalistas do grupo dos *Annales* estão longe de rejeitar a história política, mesmo quando dedicam maior atenção a outros temas. Georges Duby, que começou como historiador social e econômico, transferindo-se depois para a história das mentalidades, escreveu uma monografia sobre a batalha medieval de Bouvines (será examinada mais adiante). Sua análise da gênese ou da reativação da ideia dos três estados situa a ideia num contexto político, a crise das monarquias francesa e de outros países. Jacques Le Goff considera que a política não é mais a "espinha dorsal" da história, no sentido de que "ela não pode aspirar à autonomia" (Le Goff, 1972). Todavia ele partilha do interesse de Bloch na monarquia sagrada e está, no momento, trabalhando num estudo sobre Luís IX, o conhecido São Luís.

É pouco surpreendente, contudo, saber que os historiadores do grupo dos *Annales* que mais atenção dedicaram à política, são aqueles preocupados com o que os franceses chamam de "história contemporânea", em outras palavras, com o período que se inicia em 1789. François Furet e Michel Vovelle, que devotaram muito de seu tempo à Revolução Francesa, apesar de seus outros interesses históricos, não podem ser acusados de negligenciar a política. Nem Marc Ferro, historiador da Revolução Russa e da primeira Guerra Mundial. Mas a figura mais destacada neste domínio é certamente Maurice Agulhon.

Agulhon é o autor do livro *La République au Village*, um estudo do comportamento político do povo comum em Var, Provença, de 1789 a 1851 (Agulhon, 1970). Esse estudo aplica um dos conceitos mais amplos do pensamento marxista, o do desenvolvimento da consciência política. Os anos de 1815 a 1848 são descritos como os anos de preparação, em que os conflitos sobre a usurpação dos direitos comuns (especialmente sobre a madeira florestal) e a "ampliação dos horizontes culturais", pelo crescimento da alfabetização, encorajaram o desenvolvimento da consciência política na região. Os poucos anos da Segunda República, 1848-51, são apresentados como os anos da "revelação", em que o povo comum do Var votou pela primeira vez e votou em favor da Esquerda.

Embora o estudo de Agulhon se relacione mais com o interior do que com as cidades, é tentador descrevê-lo como preocupado com "a formação da classe operária da Provença".[22] O paralelo com Edward Thompson pode ser ampliado. Ambos os historiadores são "abertos", empíricos e marxistas ecléticos.[23] Ambos estão envolvidos com formas de "sociabilidade". Thompson analisa sociedades fraternais e seus "ritos de mutualidade" (Thompson, 1963, p.416 ss.). Agulhon, graças a quem a palavra *sociabilidade* é hoje corrente na França, estudou lojas maçônicas e confrarias católicas sob esse ponto de vista, e prosseguiu estudando o "círculo" burguês e os cafés. Ambos levam a cultura a sério. Thompson descreve a tradição

---

22 A impressão seria mais forte se a tese doutoral original não tivesse sido publicada em volumes separados, tendo sido excluído deste volume o estudo sobre Toulon.
23 Sobre sua mudança em direção ao "ecletismo e o empirismo", ver Agulhon (1987).

do radicalismo popular; Agulhon, charivaris e carnavais, tal como o "carnaval sedicioso" de Vidauban em 1580, porém, significativos como ilustração de opostos, mas complementares, processos de "arcaísmo" e modernização, a de "folclorização" da política e a politização do folclore (Agulhon, 1970, p.254-60).[24]

No trabalho mais recente de Agulhon, há uma interpenetração igualmente fecunda da história política e da história cultural. Seu *Marianne au combat* analisa o imaginário republicano francês e seu simbolismo, de 1789 a 1880, focalizando as representações de Marianne, a personificação da República, com ênfase nas mudanças do significado de sua imagem – na cultura popular e na cultura da elite – entre a Revolução e a Comuna (Agulhon, 1979). Seu ensaio no *Les lieux de la mémoire* segue linhas semelhantes e apresenta o paço municipal do século XIX como uma expressão dos valores republicanos, um texto que os historiadores devem aprender a ler (Nora, 1984, p.167-93).

Resumindo, Febvre e Braudel podem não ter ignorado a história política, mas não a tomaram muito a sério. O retorno à política na terceira geração é uma reação contra Braudel e também contra outras formas de determinismo (especialmente o "economismo" marxista). Está associado à redescoberta da importância do agir em oposição à estrutura. Está associado também ao que os americanos denominam "cultura política", de ideias e de mentalidades. Graças a Foucault, esse retorno se estendeu em direção à "micropolítica", a luta pelo poder no interior da família, da escola, das fábricas etc.[25] Em consequência dessas mudanças, a história política está em vias de uma renovação.[26]

O renascimento da narrativa – O retorno à história política está vinculado à reação contra o determinismo, que como vimos também inspirou a viragem antropológica. A preocupação com a

---

24 O autor assinala na p.368 que seu Carnaval "não é nem filho nem o irmão mais novo" do Carnaval de Romans (ver Le Roy Ladurie. N.T.) Para abordagens semelhantes na França do século dezenove, ver Corbin (1975) e Perrot (1974).
25 Por exemplo, Le Roy Ladurie (1975).
26 Sobre "a renovação da história política", Julliard (1974).

liberdade humana, juntamente com o interesse pela micro-história, fundamenta também o recente renascimento da biografia histórica, fora e dentro dos quadros dos *Annales*. Georges Duby publicou uma biografia de um cavaleiro medieval inglês, William The Marshal, enquanto Jacques Le Goff está trabalhando sobre a vida de um rei da França, S. Luís. O renascimento não é simplesmente um retorno ao passado. A biografia histórica é praticada por diferentes razões e assume formas diferentes. Pode ser um meio de entender a mentalidade de um grupo. Uma dessas formas é a vida de indivíduos mais ou menos comuns, como o burguês Joseph Sec, sobre quem Vovelle escreveu em razão de sua "irresistível ascensão", ou do artesão parisiense Jean-Louis Ménétra, estudado por Daniel Roche (Le Goff, 1989; Vovelle, 1976; Roche, 1982).

A volta à política está também ligada ao ressurgimento do interesse na narrativa dos eventos. Os eventos nem sempre são políticos – pense-se na quebra da bolsa de 1929, a grande peste de 1348, ou mesmo na publicação de *Guerra e Paz*. De todo jeito, discussões sobre história política, história dos eventos e narrativa histórica estão muito interligadas. Paralelo ao "retorno à política", houve recentemente um "renascimento da narrativa" entre os historiadores franceses e de outros países. A frase é de Lawrence Stone, um historiador inglês que atribui a tendência a "uma difundida desilusão com o modelo determinista da explicação marxista", empregada por historiadores marxistas e dos *Annales*, e especialmente com o fato de relegarem a cultura à superestrutura ou "terceiro nível" (Stone, 1979). Não há dúvidas de que Stone apontou uma tendência significativa, mas ainda aqui é necessário nuançar.

A rejeição desdenhosa da "história dos eventos" por Durkheim, Simiand e Lacombe já foi discutida na abertura do livro. A ênfase de Febvre na história-problema sugere que ele partilha dessa visão, apesar da importância dada em sua tese doutoral aos eventos da Revolta dos holandeses. Marc Bloch, segundo me consta, jamais censurou a história dos eventos, mas, por outro lado, nunca escreveu história desse tipo.

Quanto a Braudel, tanto denunciou quanto dela se utilizou. Mais precisamente, como já vimos, afirmava que a história dos acontecimentos é a superfície da história. Não disse que essa superfície fosse desinteressante; ao contrário, descreveu-a como "a mais excitante de todas" (Braudel, 1949, p.21). Contudo, seu interesse residia no que podia revelar de "realidades mais profundas", as correntes abaixo da superfície. Para Braudel, os acontecimentos eram apenas espelhos que refletiam a história das estruturas. Em seu magnífico estudo sobre o tempo e a narrativa, o filósofo Paul Ricoeur argumentou que todas as obras históricas são narrativas, incluindo *O Mediterrâneo* de Braudel. Sua demonstração das semelhanças existentes entre a história convencional e estrutural (em sua temporalidade, em sua causalidade e em outros aspectos) dificilmente pode ser refutada. Mesmo assim, chamar *O Mediterrâneo* de uma narrativa histórica é certamente utilizar o termo "narrativa" num sentido tão amplo que perde sua utilidade (Ricoeur, 1983, p.289 ss.).

A maioria das monografias regionais das décadas de 60 e 70 foi mais longe do que Braudel, pois não incluíam narrativa alguma. A exceção foi *Les Paysans de Languedoc* de Le Roy Ladurie, em que, como vimos, as análises estruturais se alternavam com o relato de eventos, especialmente dos protestos: o Carnaval de Romans, em 1580, a insurreição de Vivarais, em 1670, a revolta dos *camisards*, em 1702.

O tratamento dado por Le Roy aos acontecimentos como reações ou respostas a mudanças estruturais não estava longe da perspectiva de Braudel, de eles serem espelhos ou negativos que revelam estruturas subterrâneas. Um comentário semelhante pode ser feito em relação a um livro de Georges Duby, publicado em 1973, que poderia ter chocado Febvre, pois não trata apenas de um acontecimento, mas de uma batalha, a de Bouvines, em 27 de julho de 1214. O livro, na verdade, foi escrito para uma velha coleção, intitulada "dias que fizeram a França", e tinha em vista o grande público. Mesmo assim, Duby não retornou à velha história. Utilizou relatos contemporâneos a batalhas para esclarecer o comportamento medieval em relação à guerra, e tratou as análises posteriores de Bouvines como um "mito", que revelavam mais os autores do que o que estavam narrando (Duby, 1973).

A questão óbvia que esses estudos não levantam é saber se alguns eventos, afinal, não conseguem modificar as estruturas, em vez de simplesmente refleti-las. O que dizer dos acontecimentos de 1789 ou de 1917? O sociólogo Émile Durkheim, a quem os críticos da *histoire événementielle* devem tanto, estava pronto a descartar mesmo 1789 como um sintoma e não como uma causa de mudança social (Giddens, 1977). Há, contudo, sinais de uma mudança dessa posição extrema durkheiminiana ou braudeliana. Por exemplo, o estudo sociológico de uma área na França Oeste, no departamento de Sarthe, defendeu a necessidade de levar em conta os acontecimentos de 1789 e seus desdobramentos em qualquer tentativa de explicar os comportamentos políticos da região, dividida entre um leste de esquerda e um oeste de direita (Bois, 1960).[27]

Le Roy Ladurie levou em consideração as implicações desse estudo num ensaio em que discutia o que chamava alternadamente de o evento "traumático", o evento "catalizador" e o "evento matriz". O uso de metáforas tão divergentes sugere que ainda não estava seguro a respeito da importância dos eventos, e seu artigo não foi mais longe do que recomendar aos historiadores que refletissem sobre a relação entre eventos e estruturas (Le Roy Ladurie, 1973, 111-32). Alguns anos depois, porém, Le Roy retornou ao Carnaval de Romans e o transformou no objeto de um livro. Analisou o "evento" como um drama social que tornou manifesto os conflitos latentes na pequena cidade e em seus arredores. Em outras palavras, sintomas, não causas (Le Roy Ladurie, 1973).[28]

É claro que o Carnaval de Romans não foi um grande acontecimento. É mais difícil rejeitar como meros reflexos das estruturas

---

27 Talvez valha a pena observar que esse estudo principia com uma referência favorável a Febvre e utiliza o método regressivo associado a Bloch.
28 A frase "drama social" vem do antropólogo Victor Turner, citado por Le Roy Ladurie em seu livro.

sociais os eventos, digamos, de 1789, ou a Grande Guerra de 1914-18, ou a Revolução de 1917 (temas sobre os quais os historiadores dos *Annales* escreveram).[29] Num estudo recente, François Furet vai tão longe a ponto de sugerir não somente que os acontecimentos da Revolução romperam as velhas estruturas e deram à França seu "patrimônio" político, mas que uns poucos meses de 1789 foram decisivos (Furet; Halévy, 1989, p.4).

Uma outra faceta da terceira geração dos *Annales* merece nossa atenção. O tipo de história que produzem tornou-se popular na França, em sua época. *O Mediterrâneo* de Braudel e as obras de Bloch e Febvre não venderam muitos exemplares quando de sua primeira edição. *Montaillou*, por outro lado, conseguiu ir ao topo da lista de "best-seller" dos livros de não-ficção; sua venda aumentou quando o presidente Mitterand admitiu na televisão que o estava lendo, enquanto que a aldeia foi quase soterrada sob a massa de turistas.

Montaillou foi um livro escrito no tempo certo e no lugar certo, impulsionado pelas ondas de ecologia e regionalismo, mas o seu sucesso é apenas o exemplo mais espetacular do interesse agora demonstrado pelo público francês pela "história nova". Quando a trilogia de Braudel, *Civilization et Capitalisme*, foi publicada em 1979, recebeu na mídia uma atenção bastante diferente daquela recebida por seus livros anteriores. Alguns membros do grupo dos *Annales* aparecem regularmente na televisão e em programas de rádio, chegando mesmo a produzi-los, especialmente Georges Duby e Jacques Le Goff. Outros, como Pierre Chaunu, Roger Chartier, Mona Ozouf, Michèle Perrot, escrevem regularmente para jornais e revistas, onde se incluem *Le Figaro*, *Le Monde*, *L'Express* e *Le Nouvel Observateur*. É difícil pensar outro país, ou outro período, em que tantos historiadores profissionais estivessem tão firmemente ancorados nos meios de comunicação.

---

[29] Sobre 1917 e 1914-18, ver Ferro (1967; 1969), enquanto Furet e Vovelle estão entre os mais proeminentes historiadores da Revolução Francesa.

Os escritos dos historiadores dos *Annales* eram volumes enormes, publicados em pequenas edições da Armand Colin (o fiel editor da revista), ou mesmo da École des Hautes Études. Hoje em dia, tomam mais a forma de volumes delgados com grande tiragem, publicados por importantes editoras comerciais, frequentemente em coleções dirigidas por outros historiadores dos *Annales*. Na década de 60, Ariès e Mandrou editaram para a Plon uma coleção sobre "Civilizações e Mentalidades". Agora, Agulhon edita uma coleção de história para Aubier Montaigne, enquanto Duby edita mais de uma para a Seuil, incluindo vários volumes de história sobre a França rural, a França urbana e a vida privada. Um exemplo de uma colaboração mais estreita entre historiadores e editores é dado por Pierre Nora, que leciona na École des Hautes Études e, ao mesmo tempo, trabalha para a Gallimard. Foi ele quem criou a conhecida coleção *Bibliothèque des Histoires*, que inclui um bom número de estudos feitos por seus colegas.

Não estou sugerindo que a mídia tenha criado a onda de interesse para esse tipo de história, embora possa tê-la encorajado. Produtores e editores devem ter imaginado que havia demanda para a história em geral e, em particular, para a história sociocultural, ao estilo dos *Annales*. Essa demanda não está restrita à França. É tempo de examinar a acolhida dispensada aos historiadores dos *Annales* além das fronteiras de seu país e de sua disciplina.

5
Os *Annales* numa perspectiva global

1 A acolhida aos *Annales*

É tempo de examinar a carreira do movimento dos *Annales* além fronteiras – não só da França, mas também da própria ciência histórica. A história a ser contada – brevemente – não será apenas um relato da expansão do evangelho no exterior. Na verdade, os Annales tiveram uma má-recepção em muitos lugares. Meu objetivo é antes descrever a variedade de respostas à nova história, não somente louvores e críticas, mas tentativas de colocar os instrumentos criados pelos *Annales* a serviço de diferentes áreas, tentativas que, algumas vezes, revelaram fraquezas na concepção original.[1] Em função da extensão da área a ser coberta, a descrição será inevitavelmente seletiva e impressionista.

Os *Annales* no estrangeiro – Antes da Segunda Guerra Mundial, os *Annales* já tinham aliados e simpatizantes no exterior, de Henri

---

1 Sobre os paradigmas dos Annales, ver Soianovich (1976). Um número especial da revista *Review* (1978) foi dedicada ao "Impacto da Escola dos *Annales* nas ciências sociais". Ver também Gil Pujol (1983).

Pirenne, na Bélgica, a R.H. Tawney, na Grã-Bretanha.[2] Foi somente na era de Braudel, porém, que a revista e o movimento tornaram-se conhecidos em toda a Europa.[3] *O Mediterrâneo* naturalmente atraiu leitores daquela parte do mundo: a tradução italiana do livro de Braudel apareceu, como a espanhola, em 1953. Dois italianos, Ruggiero Romano e Alberto Tenenti, estavam entre os colaboradores mais próximos de Braudel. Alguns dos mais destacados historiadores italianos da década de 50 eram amigos de Febvre e simpatizavam com o movimento dos *Annales*. Eles vão desde Armando Sapori, historiador dos mercadores italianos medievais, a Delio Cantimori, que partilhava do interesse de Febvre nos heréticos do século XVI. A enorme *História da Itália*, lançada pelo editor Giulio Einaudi em 1972, está centrada no desenvolvimento na longa duração, presta homenagem a Bloch no título do primeiro volume e inclui um longo ensaio de Braudel.[4]

Na Polônia, apesar da predominância oficial do marxismo, ou talvez por isso mesmo, os historiadores de longa data demonstraram um grande entusiasmo pelos *Annales*. Nas universidades polonesas anteriores à guerra, havia um interesse tradicional pela história social e econômica. Jan Rutkowski colaborou nos *Annales* na década de 30 e fundou uma revista similar. Um grande número de historiadores poloneses estudou em Paris – Bronislaw Geremek, por exemplo, um destacado medievalista muito conhecido por seus estudos sobre os urbanos pobres e muito mais conhecido por ser conselheiro de Lech Walesa. Os poloneses demonstraram um interesse considerável pela história das mentalidades. *O Mediterrâneo* foi traduzido para o polo-

---

2 Eric Hobsbawm lembra-se de que, quando estudante em Cambridge, foi a uma conferência de Marc Bloch, que foi apresentado aos presentes como o maior medievalista vivo. *Review* (1978, p.158).

3 Haveria necessidade de um estudo sério sobre a imagem dos *Annales* para dar base a essa generalização.

4 Uma discussão ampla sobre os *Annales* na Itália in Aymard, 1978. O primeiro volume da *História da Itália* da Einaudi, cujos editores foram Braudel e Romano, tinha o nome de *Caracteres originais*, uma referência ao título do livro de Bloch, *Caracteres originais da história rural francesa*.

nês e serviu de inspiração para um estudo polonês sobre o Báltico, publicado pelo Centre de Recherches Historiques, em sua coleção "Cahiers des Annales" (Malowist, 1972).

Um interesse maior foi provocado pelo famoso ensaio de Braudel sobre a "história e as ciências sociais" (Braudel, 1958, conf. Pomian, 1978). Sua influência pode ser constatada numa das mais notáveis obras históricas do pós-guerra polonês, *A teoria econômica do sistema feudal* (1962), de Witold Kula, um historiador a quem Braudel dedica um especial tributo ao descrevê-lo como "mais inteligente do que eu" (Braudel, 1978, p.250).[5] Nesse livro, Kula faz uma análise econômica dos latifúndios poloneses nos séculos XVII e XVIII. Mostrou que o comportamento econômico dos proprietários de terras poloneses era o oposto do que previa a economia clássica. Quando o preço do centeio, seu produto principal, aumentava, produziam menos, e quando o preço baixava, produziam mais. A explicação desse paradoxo deveria ser encontrada, diz Kula (diferentemente de Braudel, mas de acordo com outros historiadores dos *Annales*), no reino da cultura ou das mentalidades. Tais aristocratas não estavam interessados em lucro, mas em manter seu estilo de vida da maneira a que estavam acostumados. As variações na produção eram tentativas de manter uma renda padrão. Seria interessante imaginar as reações de Karl Marx a essas ideias (Kula, 1962).

Na Alemanha, por outro lado, a história política permaneceu predominante nos anos 50 e 60. Dada a importância das novas abordagens históricas na época de Schmoller, Weber e Lamprecht, discutidas na abertura deste estudo, pode parecer estranha essa dominância. Contudo, depois das experiências traumáticas dos anos 1914-18 e 1933-45, torna-se difícil negar a importância quer da política, quer dos acontecimentos; em consequência, as principais controvérsias históricas concentraram-se em Hitler e no papel desempenhado pela Alemanha nas duas guerras mundiais. Foi somente quando a geração

---

5 Kula (1960) comenta o ensaio de Braudel.

do pós-guerra chegou à maturidade, na década de 70, que o interesse modificou-se em direção à "história cotidiana" (*Alltagsgeschichte*), à história da cultura popular e à história das mentalidades (Conf. Iggers, 1975, p.80 ss., 192 ss.).

A Inglaterra, pelo menos nas décadas de 40 e 50, foi também um bom exemplo do que Braudel denominava "recusa a tomar emprestado". Marc Bloch era visto mais como um competente historiador econômico da Idade Média do que o representante de um novo estilo de história, enquanto Febvre era pouco conhecido, mais entre os geógrafos do que entre os historiadores. Na sua primeira edição, o Mediterrâneo de Braudel não foi discutido nem na English Historical Review, nem na Economic History Review. Antes dos anos 70, traduções dos livros dos historiadores dos *Annales* eram extremamente raras. A exceção à regra foi Marc Bloch. Pode-se dizer que o interesse de Bloch pela história inglesa e sua propensão a afirmações reticentes (tão diferente do comportamento de Lucien Febvre) permitiu-lhe ser visto como uma espécie de inglês honorário.[6]

As razões da ausência de traduções podem ser encontradas nas resenhas sobre os principais livros da escola, feitas nas revistas inglesas do Times Literary Supplement ao English Historical Review. Nelas, seus autores referiam-se, um após o outro, ao que denominavam "o afetado e irritante estilo dos *Annales*", "o estilo excêntrico legado por Lucien Febvre", ou "o jargão esotérico que sugere, às vezes, que os autores da VI Seção escrevem apenas para serem entendidos entre si".[7] Aqueles que apoiavam, na Inglaterra, no início da década de 60, os *Annales*, possuíam o sentimento de pertencerem a uma minoria acrética, tal como os que apoiavam Bloch e Febvre, nos anos 30, na França.

Termos como conjuntura e mentalidades coletivas mostraram-se virtualmente impossíveis de serem traduzidos e extremamente

---

6 As exceções maiores foram Febvre (1922, 1928) e Bloch (1931, 1939-40, 1949).
7 Maiores detalhes e referências em Burke (1978).

difíceis de serem compreendidos pelos historiadores ingleses – sem se falar na acritação. Suas reações, intrigadas, desconfiadas ou hostis, lembram as de seus colegas filósofos em relação às obras de Sartre e Merleau-Ponty. Os ingleses achavam, nem pela primeira nem pela última vez, que simplesmente eles não falavam a mesma língua. A diferença entre a tradição inglesa empirista e seu individualismo metodológico e a tradição teórica francesa e o seu holismo inibia qualquer contato intelectual. Na Inglaterra, desde os tempos de Herbert Spencer, ou mesmo antes, pressupunha-se que entidades coletivas como "sociedade" são fictícias, enquanto os indivíduos existem.[8] As conhecidas afirmações de Durkheim sobre a realidade do social foram escritas para demolir as pressuposições de Spencer e sua escola. Outro exemplo dramático dessa disputa data dos anos 20, quando o psicólogo de Cambridge, Frederick Bartlett, criticou o famoso estudo de Maurice Halbwachs da estrutura social da memória, por criar uma entidade fictícia, "a memória coletiva" (Bartlett, 1932). Ainda hoje pode-se ouvir historiadores ingleses criticarem a história das mentalidades coletivas em termos semelhantes.

Seria fácil multiplicar os exemplos das variações regionais na acolhida à nova história. Inclusive a relação entre os *Annales* e o marxismo diferiu de lugar para lugar. Na França, a simpatia pelo marxismo se acompanhava, geralmente, de uma certa distância em relação aos *Annales*, apesar da lealdade dúplice de Labrousse, Vilar, Agulhon e Vovelle. Na Inglaterra, ao contrário, os marxistas, especialmente Eric Hobsbawm e Rodney Hilton, estavam entre os primeiros a saudar os *Annales* (Hobsbawm, 1978). Pode-se entender essa acolhida em termos de estratégia intelectual: os *Annales* eram um aliado na luta contra o domínio da história política tradicional. É possível também que os marxistas estivessem impressionados com a afinidade entre a sua história e a dos franceses – não somente devido à ênfase nas

---

[8] Pode ser instrutivo comparar os termos usados pelos sociólogos, psicólogos e historiadores ingleses em suas críticas, respectivamente, a Durkheim, Halbwachs e os *Annales*.

estruturas e na longa duração, mas também por sua preocupação com a totalidade, um ideal que foi de Marx antes de ser de Braudel. A afinidade tornou-os mais receptivos à mensagem dos *Annales*. Na Polônia, a institucionalização de uma forma de marxismo significou que suas relações com os *Annales* seguiram outro padrão.[9]

Os *Annales* e outros campos da história – Um outro aspecto da influência dos *Annales* é a difusão de conceitos, abordagens e métodos, de um período histórico para outro, de uma região para outra. O movimento tem sido dominado por estudiosos do início da Europa moderna (Febvre, Braudel, Le Roy Ladurie), seguidos de perto por medievalistas (Bloch, Duby, Le Goff).

Houve muito menos obras dessa espécie sobre o século XIX, como já vimos, enquanto em relação à história contemporânea tem se afirmado com bastante convicção que os *Annales* nenhum impacto tiveram. Não é casual: a importância da política na história do século XX inviabiliza a aplicação do seu paradigma ao período, a menos que seja o modificado. A conclusão paradoxal a que chegou um observador alemão simpático ao movimento é a de que uma história, ao estilo dos *Annales*, sobre a história de nosso século é, ao mesmo tempo, necessária e impossível. "Se for escrita, não será história ao estilo dos *Annales*. Mas à história contemporânea não pode continuar a ser escrita sem os *Annales*" (Wesseling, 1978).

No outro extremo do espectro cronológico, a semelhança entre algumas obras recentes de história antiga e o paradigma dos *Annales* é óbvia. Se essa semelhança decorre do "impacto" ou da afinidade é mais difícil determinar. Uma tradição durkheiminiana nos estudos clássicos existia muito antes da fundação dos *Annales*, tradição exemplificada pelo amigo de Bloch, Gernet, na França, e na Inglaterra, por um grupo de classicistas, em Cambridge, devotado a esses estudos, tais como Jane Harrison e F.M. Cornford, que leu Durkheim e Lévy-

---

9 O número especial da *Review* (1978) inclui muitos comentários sobre as relações entre os *Annales* e o marxismo.

-Bruhl e procurava traços da "mentalidade primitiva" entre os gregos antigos. Na época de Estrasburgo, como vimos, o historiador de Roma, André Piganiol, participava do grupo dos *Annales*.

Hoje, destacados historiadores da antiguidade, como Jean-Pierre Vernant e Paul Veyne, fundamentam-se na psicologia, na sociologia e na antropologia, visando interpretar a história da Grécia ou de Roma de uma maneira paralela a Febvre e Braudel, se é que não seguem exatamente seu exemplo. Vernant, por exemplo, preocupa-se com a história de categorias como o espaço, tempo e a pessoa (Vernant, 1966).[10] Veyne escreveu sobre os jogos romanos, apoiando-se nas teorias de Mauss e Polanyi, Veblen e Weber, e analisou o financiamento dos jogos em termos de doação, redistribuição, consumo conspícuo e corrupção política (Veyne, 1976).

De maneira geral, a história do mundo exterior à Europa permaneceu relativamente afastada dos *Annales*. Os historiadores da África, por exemplo, mostraram até agora pouco interesse nessa abordagem, com exceção do antropólogo belga Jan Vansina, que utilizou a distinção temporal braudeliana, curta, média e longa duração, como o alicerce de seu estudo sobre a tribo Kuba, da África Central (Vansina, 1978, especialmente p.10, 112, 197, 235).[11] Embora tenha sido um antigo discípulo de Bloch, Henri Brunschwig, que se tornou um dos mais destacados historiadores da África colonial, seu estudo sobre o imperialismo francês parece dever pouco aos *Annales*, sem dúvida porque sua preocupação com o passado recente e com a relativamente curta duração (1871-1914) torna esse modelo irrelevante (Brunschwig, 1960).[12]

Quanto à Ásia e à América, as coisas são ainda mais complicadas. Embora existam sinais de um interesse crescente nessa abordagem

---

10 Esse livro tem como subtítulo um estudo de "psicologia histórica". Seu autor presta homenagem não a Febvre, mas ao psicólogo I. Meyerson.
11 Para uma discussão sobre a importância da abordagem dos *Annales* em relação à história africana, consultar Clarence-Smith (1977) e Vansina (1978).
12 Alguns jovens historiadores da África estão mais próximos da tradição de Braudel.

e quatro membros do grupo convidados a participar de uma conferência sobre "a nova história", realizada em Nova Delhi, em 1988, os historiadores hindus pouco se aproveitaram dos *Annales*.[13] O mais criativo grupo de historiadores hindus, que navegam sob a bandeira dos "estudos subalternos", conhecem bem a tradição francesa, mas preferem um marxismo aberto. De novo, apesar do interesse de Bloch no Japão e o entusiasmo geral dos japoneses pelas tendências intelectuais ocidentais, não é fácil assinalar um estudo de história japonesa dentro da tradição dos *Annales*. Um certo número de historiadores japoneses estudou na Hautes Études, mas todos trabalham com a história da Europa.

Historiadores de outras partes da Ásia estão um pouco mais próximos dos *Annales*. Um estudo recente sobre o sudeste da Ásia, escrito por um historiador australiano, intenta uma "história total" da região de 1450 a 1680 e toma como modelo a obra de Braudel sobre a cultura material e a vida cotidiana (Reid, 1988).[14] Alguns historiadores franceses da China estão próximos, em espírito, dos *Annales*. A significativa diferença do pensamento chinês é um desafio à história das mentalidades, que provocou mais de uma resposta. Um dos companheiros de escola de Marc Bloch, o sinologista Marcel Granet, compartilhou de seu entusiasmo por Durkheim e escreveu um excelente estudo da visão de mundo chinesa, fundamentado em seu pensamento, enfatizando o que chamava de "pensamento pré-lógico" e a projeção da ordem social sobre o mundo natural (Granet, 1934).

Mais recentemente, Jacques Gernet, como outros historiadores franceses de sua geração, subiu as escadas que levam do porão ao sótão, dos aspectos econômicos do budismo ao estudo das missões cristãs na China. Seu novo estudo sobre a missão cristã, nos séculos

---

13 Como no caso da África, alguns jovens historiadores da Índia estão ligados à tradição dos *Annales*.
14 Conf. Lombard (1967), um estudo global sobre um pequeno estado. O pai do autor, Maurice Lombard, foi um destacado medievalista associado aos *Annales*.

XVI e XVII, pode ser descrito com propriedade como uma história das mentalidades ao estilo dos *Annales* Gernet, (1982).[15] O livro gira em torno de mal-entendidos. Os missionários acreditavam que faziam muitas conversões e deixavam de entender o que a adesão à nova religião significava aos próprios convertidos. Os mandarins, de seu lado, não entenderam as intenções dos missionários.

Segundo Gernet, esses mal-entendidos revelam as diferenças entre as categorias, os "modos de pensamento" e os "quadros mentais" de ambas as partes, associadas às diferenças linguísticas (Gernet, 1982, p.12, 189).[16] Esse foco de luz sobre o encontro de duas culturas permite a Gernet iluminar mentalidades sob formas negadas aos historiadores da Europa. O que Braudel teria descrito, do exterior, como um caso de "recusa a tomar emprestado", é interpretado, por Gernet, a partir do seu interior.

No caso das respostas americanas aos *Annales*, o contraste entre o sul e o norte é extremamente significativo. Historiadores da América do Norte, tomados como opostos aos historiadores norte-americanos da Europa, até agora pouco interesse demonstraram no paradigma dos *Annales*. O giro antropológico na história do período colonial desenvolveu-se independentemente do modelo francês. Embora a obra de Braudel tenha sido descrita como "fascinantemente semelhante em seus objetivos" ao livro de Frederick Jackson Turner, *The United States, 1830-1850*, estamos ainda aguardando por um novo Braudel americano.[17]

Na América Central e do Sul, a história é bem diferente. No Brasil, as aulas de Braudel, na Universidade de São Paulo, nos anos 30, são ainda lembradas. A famosa trilogia sobre a história social do Brasil do historiador-sociólogo Gilberto Freyre (que conheceu Braudel nessa

---

15 O autor é filho do especialista em estudos clássicos Louis Gernet, e sua tese foi orientada por H. Demièvilie, um antigo discípulo de Labrousse.
16 As referências dizem respeito à edição francesa.
17 Sobre Turner e Braudel, Andrews (1978, p.173). Para uma reação mais ambivalente, consultar Henretta (1979).

época), trabalha com tópicos como família, sexualidade, infância e cultura material, antecipando a nova história dos anos 70 e 80. A representação de Freyre da casa-grande como um microcosmo e como metáfora da sociedade híbrida, agrária e escravocrata impressionou Braudel, que o citou em sua obra.

Novamente, como uma série de estudos recentes indica, alguns historiadores dos impérios espanhol e português na América tomam, de fato, o paradigma dos *Annales* seriamente.[18] Um bom exemplo é o livro de Nathan Wachtel, *La Vision des Vaincus*, 1971, uma história dos anos iniciais do Peru colonial do ponto de vista dos índios. Sob diversos aspectos, esse estudo se assemelha aos trabalhos dos historiadores dos *Annales* sobre a Europa. Ele lida, sucessivamente, com a história econômica, social, cultural e política. É obviamente um exemplo de história do ponto de vista das classes subalternas, tendo muito o que dizer sobre as revoltas populares. Emprega o método regressivo associado a Marc Bloch, partindo do estudo de danças contemporâneas que representam a conquista espanhola, como um meio de recuperar as reações indígenas originais. Toma emprestados conceitos da antropologia social, especialmente o de "aculturação", um termo posto em circulação na França pelo historiador dos *Annales* Alphonse Dupront. Contudo, Wachtel não aplica simplesmente o modelo estrutura-conjuntura-eventos dos historiadores do início da Europa moderna. No Peru, as transformações socioculturais da época não se produziram no interior de velhas estruturas. Pelo contrário, o processo foi de "desestruturação". A preocupação do autor com esse processo confere ao seu livro uma qualidade dinâmica e mesmo trágica, que, inclusive, *Les Paysans de Languedoc*, não pode igualar.

Os *Annales* e outras disciplinas – A acolhida aos *Annales* nunca se confinou às fronteiras da história. Um movimento que se funda-

---

18 Especialmente Wachtel (1971); Lafaye (1974); Mauro (1963); Murra (1986), uma coleção de ensaios dos *Annales*; Gruzinski (1988).

mentou em tantas das "ciências do homem" atraiu naturalmente o interesse dessas disciplinas. Embora seja difícil mapear a influência da história sobre a sociologia, por ser a primeira menos teórica do que a segunda, vale a pena tentar a empresa.

No desenvolvimento intelectual de Foucault, por exemplo, a "nova história" francesa desempenhou um papel significativo. Foucault caminhou em linhas paralelas às da terceira geração dos *Annales*. Da mesma maneira que ela, estava preocupado em ampliar os temas da história. Ele tinha algo a ensinar-lhes, como já vimos (conf. p.103), mas havia o que deles aprender, também.

O débito de Foucault em relação aos *Annales* pode ter sido menor do que deve a Nietzche, ou aos historiadores da ciência, como Georges Canguilhen (por quem tomou conhecimento da noção de descontinuidade intelectual), mas é mais substancial do que ele próprio jamais admitiu. O que Foucault gosta de denominar sua "arqueologia", ou a sua "genealogia", tem, pelo menos, uma semelhança familiar com a história das mentalidades. Ambas as abordagens mostram uma grande preocupação com tendências de longa duração e uma relativa despreocupação com pensadores individualizados.

Foucault não aceitava na abordagem dos *Annales*, em relação à história intelectual, o que considerava a ênfase excessiva na continuidade (Foucault, 1969, p.32).[19] Era precisamente em sua vontade de ir até o fundo dos problemas e em discutir como as visões de mundo se modificam que Foucault diferia mais agudamente dos historiadores das mentalidades. Estes têm coisas importantes a aprender de sua ênfase nas "rupturas" epistemológicas, por mais furiosos que estejam com sua recusa em explicar tais descontinuidades.

Na altura dos anos 70, se não mesmo antes, era possível encontrar arqueólogos e economistas lendo Braudel a respeito de "cultura material", pediatras discutindo os pontos de vista de Ariès

---

19 Chartier (1988, p.57) nota que Foucault era "um leitor atento" da história serial dos anos 50 e 60.

sobre a história da infância, e folcloristas escandinavos debatendo lendas folclóricas com Le Roy Ladurie. Alguns historiadores da arte e críticos literários, especialmente nos Estados Unidos, citam também os historiadores dos *Annales* em seu próprio trabalho, que consideram como parte de um empreendimento comum, algumas vezes descrito como uma "antropologia literária" ou uma antropologia da "cultura visual".

Em três ciências, em especial, existe um considerável interesse na abordagem dos *Annales*. Elas são geografia, sociologia e antropologia. Em cada um dos casos, pelo menos no que concerne ao mundo de fala inglesa, deve ser dito que o interesse é relativamente recente e está virtualmente restrito à obra de Braudel.

É conveniente iniciar-se este balanço pela geografia, pois houve um tempo, mesmo na França, em que os geógrafos tomaram o movimento mais seriamente do que a maioria dos historiadores (Duby, 1987, p.133). As afinidades entre a geografia histórica de Vidal de la Blache e a geo-história de Braudel já foram discutidas e são bastante óbvias. Uma das consequências do surgimento do império de Braudel foi, contudo, o declínio da geografia histórica como disciplina, em virtude da concorrência com os historiadores (talvez, possa afirmar-se a mesma coisa em relação à sociologia e à antropologia históricas, na França) (Baker, 1984, p.2).

Em outras partes, a situação é mais complicada. Embora o ensaio de Febvre sobre geografia histórica tenha sido traduzido para o inglês logo após a sua publicação, o mundo de fala inglesa era dominado por um estilo tradicional de geografia que pouco espaço deixava para a abordagem francesa. Esse consenso quebrou-se em data recente e foi substituído por um pluralismo, ou melhor, por uma forte disputa entre marxistas, quantitativistas, fenomenólogos e defensores de outros tipos de abordagens, incluindo-se aí os defensores de Braudel (Baker, 1984). Vale a pena acrescentar que uma história do Pacífico, em três volumes, acaba de ser publicada, escrita não por um historiador, mas por um geógrafo, Oskar Spate (1979-88).

Quanto à sociologia, a inspiração durkheiminiana do início dos *Annales* ajudou a assegurar uma calorosa recepção desde logo, pelo menos na França. Dois proeminentes sociólogos franceses, Maurice Halbwachs e Georges Friedmann, estiveram formalmente associados com a revista, enquanto um terceiro, Georges Gurvitch, encetou uma colaboração com Braudel, a que não excluía divergências (Braudel, 1953b). No mundo de fala inglesa, por outro lado, foi apenas recentemente, numa época de sentimento generalizado de "crise da sociologia", que os sociólogos redescobriram a história e, nesse processo, descobriram os *Annales*, mais particularmente Braudel, cujas ideias sobre o tempo tem uma importância óbvia para os teóricos das mudanças sociais. Como aconteceu com os historiadores, os sociólogos marxistas, como Norman Birnbaum e Immanuel Wallerstein (Diretor do Centro Fernand Braudel, em Binghamton) estavam entre os primeiros a voltarem sua atenção para os *Annales*, mas hoje esse interesse está muito mais difundido. O falecido Philip Abrams, por exemplo, descrevia o Mediterrâneo de Braudel como um caminho para "uma efetiva sociologia histórica analítica" (Birnbaum, 1978; Wallerstein, 1974; Abrams, 1982, p.333 ss.).

Poucos antropólogos se interessaram, inicialmente, pelos *Annales*, entre estes estavam, especialmente, Lévi-Strauss e Evans-Pritchard. Braudel e Lévi-Strauss foram colegas na Universidade de São Paulo, nos anos 30, e continuaram seu diálogo daí em diante (Lévi-Strauss, 1983). Evans-Pritchard, que se formara historiador antes de ser antropólogo, estava perfeitamente a par dos trabalhos de Lucien Febvre e Marc Bloch.[20] Desconfio de que seu famoso estudo, *Witchcraft Oracles and Magic*, realizado entre os Azandes da África Central, deve, pelo menos, sua inspiração ao livro de Bloch, *Les Rois Thaumaturges*, enquanto sua análise do sentido de tempo dos Nuer do Sudão, baseado em suas tarefas, chega a conclusões semelhantes às de Febvre

---

20 Evans-Pritchard (1937) cita Febvre e Bloch, p.48. Cita também Pirenne, Vidal, Granet, Dumézil, Meillet e Saussure.

(formuladas quase ao mesmo tempo) sobre o cálculo do tempo na época de Rabelais (Evans-Pritchard, 1937).[21]

Evans-Pritchard defendia um relacionamento próximo entre antropologia e história, numa época em que a maioria de seus colegas eram funcionalistas a-históricos. Nos anos 60, alguns jovens antropólogos voltaram-se para a história, mais ou menos ao mesmo tempo em que alguns dos historiadores dos *Annales* descobriam a antropologia simbólica. As duas ciências pareciam convergir. Contudo, a virada antropológica em direção à história estava associada a uma preocupação em relação à narrativa e aos eventos; os pontos precisos da tradição histórica que o grupo dos *Annales* havia rejeitado. Havia o perigo de as duas disciplinas desviarem-se uma da outra.

Um exemplo simples demonstrará mais claramente do que uma lista de nomes as condições sob as quais a reunião das duas ciências ocorreu, o que os antropólogos esperavam da história, ou dos *Annales*, e finalmente como um modelo pôde ser transformado no decorrer de sua aplicação. Entre as fontes inspiradoras de Marshall Sahlins, antropólogo histórico do Havaí, está a obra de Braudel, especialmente seu ensaio sobre a longa duração. Sem dúvida, Braudel apreciaria sua discussão sobre as "estruturas de longa duração", na qual a visita do Capitão Cook ao Havaí em 1779, quando foi identificado pelos havaianos como a encarnação de seu deus Lono, é analisada como um exemplo da maneira pela qual os "eventos são ordenados pela cultura". Sahlins, porém, não parou aí. Foi mais longe, discutindo "como, nesse processo, a cultura é reordenada" (Sahlins, 1981, p.8.; Conf. Sahlins, 1985). Tendo se apropriado de uma ideia de Braudel, ele a subverte, ou pelo menos a transforma, argumentando que um evento, a visita de Cook ou, mais genericamente, o encontro entre havaianos e europeus, produziu transformações estruturais na cultura

---

21 Compare a passagem sobre a autoconfirmação do caráter da crença no oráculo do veneno (p.194) com a de Bloch sobre o toque real (no texto, p.28). Evans-Pritchard, que estudou história medieval antes de ser antropólogo, tinha provavelmente lido Bloch.

havaiana – por exemplo, a crise do sistema de tabus – mesmo quando "a estrutura era preservada com uma inversão de seus valores". Seria muito difícil negar a relevância potencial desse modelo revisado para a análise, digamos, das consequências socioculturais da Revolução Francesa. Eis que a bola retorna ao campo dos historiadores.

II Um balanço final

É chegado o momento de fazer e tentar avaliar as contribuições dos historiadores dos *Annales* durante três gerações, discutindo duas questões em particular. Qual a originalidade e qual o valor de sua nova história?

Como vimos, a revolta de Febvre e Bloch contra o domínio da história dos acontecimentos políticos foi apenas uma de uma série de rebeliões semelhantes (ver acima, p.17). Seu principal objetivo, a construção de uma nova espécie de história, foi compartilhado por muitos pesquisadores durante um longo período. A tradição francesa, de Michelet e Fustel de Coulanges ao *Année Sociologique*, Vidal de la Blache e Henri Berr, é bastante conhecida. De outro lado, as tradições alternativas são geralmente subestimadas. Se um clarividente, em 1920, previsse que um novo estilo de história em breve se desenvolveria em algum lugar na Europa, a localização óbvia para que isso acontecesse seria a Alemanha, não a França; a Alemanha de Friedrich Ratzel, Karl Lamprecht e Max Weber.

Virtualmente, todas as inovações associadas a Febvre, Bloch, Braudel e Labrousse têm precedentes ou paralelos, dos métodos comparativo e regressivo à preocupação com a colaboração interdisciplinar, com métodos quantitativos, com mudanças na longa duração. Nos anos 30, por exemplo, Ernest Labrousse e o historiador alemão Walter Abel estavam trabalhando independentemente na história quantitativa dos ciclos agrícolas, tendências e crises (Abel, 1935).[22] Na década de 50, o ressurgimento da história regional na França

---

[22] Esse estudo foi descoberto pelos historiadores somente após a guerra.

tem um paralelo no ressurgimento da história local na Inglaterra, vinculada à escola de W.G. Hoskins, um discípulo de Tawney, cujos livros incluem um estudo da construção da paisagem inglesa e uma história socioeconômica, na longa duração, quase novecentos anos, de uma vila de Leicestershire, Wigston Magna (Hoskins, 1955, 1957). O entusiasmo dos historiadores franceses pelos métodos quantitativos, seu abandono em favor da micro-história e da antropologia, seguiam em paralelo a movimentos existentes nos Estados Unidos e em outras partes do mundo.

Se as inovações individuais relacionadas aos *Annales* têm precedentes e paralelos, sua combinação, não. Também é verdade que os movimentos paralelos de reforma e renovação da história foram em grande parte insucessos, de Karl Lamprecht, na Alemanha, à "nova história" de J.H. Robinson, nos EUA. As contribuições de Bloch, Febvre, Braudel e seus seguidores foram mais longe do que as de qualquer outro pesquisador ou grupo de pesquisadores na concretização desses objetivos comuns e em liderarem um movimento que se difundiu mais extensamente e por mais tempo do que o de seus competidores. É bem possível que o historiador do futuro tenha condições de oferecer explicações desse sucesso em termos de estrutura e conjuntura, valorizando, por exemplo, o fato de sucessivos governos franceses financiarem a pesquisa histórica, ou a eliminação da competição intelectual alemã, durante as duas guerras mundiais.[23] Difícil é desprezar as contribuições individuais de Bloch, Febvre e Braudel.

Embora este livro seja dedicado a algumas novas tendências historiográficas, não gostaria de pressupor que a inovação é desejável por si mesma. Concordo, com toda a sinceridade, com uma crítica recentemente publicada que afirma que "a nova história não é necessariamente admirável simplesmente por ser nova, nem a velha

---

23 Explicações estruturo-conjunturais são oferecidas por Coutau-Bégarie (1983) e Wallerstein (1988).

desprezível, por ser velha" (Himmelfarb, 1987, p.101). É tempo, pois, de considerar, em conclusão, o valor, o custo, e o significado das contribuições coletivas dos *Annales*.

Fazer isso é como que redigir um obituário. De fato, a imagem não é totalmente inadequada. Embora a École des Hautes Études ainda permaneça e possua historiadores de qualidade, que se identificam com a tradição dos *Annales*, não seria demasiado dizer-se que o movimento efetivamente acabou. De um lado, encontramos membros do grupo dos *Annales* redescobrindo a política e mesmo o acontecimento. De outro, vemos tantos pesquisadores de fora inspirados pelo movimento – ou indo na mesma direção por razões próprias – que termos como "escola" e mesmo paradigma estão perdendo o sentido. O movimento está se dissolvendo, em parte, como resultado de seu sucesso.

O movimento pode não ter sido "tudo para todos", pois foi seguramente interpretado de várias maneiras. Os historiadores tradicionais tenderam a interpretar seus objetivos como a total substituição de uma espécie de história por outra, relegando a história política e, especialmente, a história dos acontecimentos políticos ao ferro-velho. Estou longe de acreditar que essa tenha sido a intenção de Febvre ou Bloch. Inovadores são frequentemente abrasados pela crença de que o que ainda não foi tentado merece ser tentado, antes do que pela determinação de impô-lo a todos. De qualquer maneira, a história política pode defender-se em sua época. Depois, a situação modificou-se. Braudel sempre se proclamou um pluralista e gostava de afirmar que a história tem "mil faces", mas foi sob seu domínio que os fundos de pesquisa foram dirigidos para a nova história em prejuízo da velha. Foi o momento dos historiadores políticos serem marginalizados.

Se observarmos os *Annales* de uma perspectiva global, contudo, é melhor avaliá-lo como um paradigma (ou, talvez, um grupo de paradigmas), mais do que o paradigma da ciência histórica. Talvez seja útil examinar os usos e as limitações desse paradigma em diversas áreas da história, geográfica, cronológica e tematicamente definidas.

A contribuição dos *Annales* pode ter sido profunda, mas foi também profundamente desigual.

Como vimos anteriormente, à França foi consagrada a maior parte de sua atenção. No rastro de Braudel, um número substancial de estudos foi realizado sobre o mundo mediterrânico, especialmente sobre a Espanha e a Itália (Aymard, Bennassar, Chaunu, Delille, Delumeau, Georgelin, Klapisch, Lapeyre...). A contribuição do grupo à história das Américas espanhola e portuguesa foi também bastante significativa. Poucos escreveram sobre outras partes do mundo. O interesse de Bloch pela história inglesa não foi acompanhado por seus sucessores.

Da mesma maneira que se concentraram sobre a França, os historiadores dos *Annales* voltaram sua atenção sobre um período, o chamado "início da idade moderna", de 1500 a 1800, mais especificamente o "antigo regime" na França, que vai de mais ou menos 1600 a 1789. Sua contribuição para os estudos medievais foi também notável. Como já vimos, alguns historiadores da antiguidade foram companheiros de viagem dos *Annales*.

Por outro lado, o grupo dos *Annales* deu pouca atenção ao que ocorreu no mundo depois de 1789. Charles Morazé, Maurice Agulhon e Marc Ferro fizeram o possível para preencher a lacuna, mas ela permanece ainda bastante grande. A abordagem diferenciada da história pelo grupo, especialmente a falta de importância atribuída aos indivíduos e aos eventos, está seguramente vinculada ao fato de concentrarem seus estudos nos período medieval e no início da era moderna. Braudel não teve dificuldades em desprezar Felipe II; teria mais problemas em fazer o mesmo com Napoleão, Bismarck ou Stálin.

Para um grupo que navega sob a bandeira da "história total", é de alguma maneira paradoxal examinar suas contribuições à luz do que é convencionalmente classificado como história econômica, social, política e cultural. Uma das conquistas do grupo foi subverter as categorias tradicionais e oferecer algumas novas, da "história rural" de Bloch, nos anos 30, e a "civilização material", da década de 60, à história sociocultural dos dias de hoje. Da mesma forma, é inegável a contribuição oferecida por Labrousse e seus seguidores à história econômica. Como também é difícil negar que a política foi subestimada, por um certo tempo, nos anos 50 e 60, e ao menos por alguns membros do grupo.

Um outro caminho para se avaliar o movimento dos *Annales* é analisar suas ideias predominantes. De acordo com um estereótipo comum ao grupo, eles estavam preocupados com a história das estruturas na longa duração, utilizavam métodos quantitativos, diziam-se científicos e negavam a liberdade humana. Mesmo como descrição das obras de Braudel e Labrousse, esta visão é muito simplista, e ainda menos adequada como caracterização de um movimento, que atravessou diversas fases e incluiu um bom número de fortes personalidades intelectuais. Pode ser útil para analisar as tensões intelectuais no interior do movimento. Essas tensões podem ter sido criativas; se foram ou não, é um caso ainda em aberto.

O conflito entre liberdade e determinismo, ou entre estrutura social e ação humana, sempre dividiu os historiadores do grupo. O que distinguia Bloch e Febvre dos marxistas de seu tempo era precisamente o fato de que não combinavam seu entusiasmo pela história social e econômica com crença de que as forças sociais e econômicas tudo determinavam. Febvre era um voluntarista extremo, Bloch, um mais moderado. Na segunda geração, por outro lado, houve um deslisamento em direção ao determinismo; geográfico, no caso de Braudel, econômico, no de Labrousse. Ambos foram acusados de tirar o povo da história e concentrar sua atenção nas estruturas geográficas e nas tendências econômicas. Na terceira geração, no meio de historiadores preocupados com temas tão diversos quanto estratégias matrimoniais ou hábitos de leitura, houve uma volta ao voluntarismo. Os historiadores de mentalidades não mais assumem (como Braudel o fez) que os indivíduos são prisioneiros de sua visão de mundo, mas concentram sua atenção na "resistência" às pressões sociais (Vovelle, 1982).

A tensão entre a sociologia durkheiminiana e a geografia humana de Vidal de la Blache é tão antiga que pode ser considerada parte integrante da estrutura dos *Annales*. A tradição durkheiminiana incentivou a generalização e a comparação, enquanto a perspectiva vidaliana concentrou-se no que era único para uma região particular. Os fundadores tentaram mesclar as duas perspectivas, mas suas ênfases eram diferentes. Bloch estava mais próximo de Durkheim; Febvre, apesar de sua preocupação com a história-problema, de Vidal. Na fase intermediária do movimento, foi Vidal quem prevaleceu, como as monografias publicadas nos anos 60 e 70 confirmam. Braudel não negligenciou nem a comparação nem a sociologia, contudo estava mais próximo de Vidal do que de Durkheim. Uma razão da atração da antropologia social para os historiadores da terceira geração talvez tenha sido o fato de que essa ciência (que caminha sobre as duas vias, em direção ao geral e ao particular) talvez auxilie os historiadores a encontrarem seu equilíbrio.

Resumindo, quanto ao que se refere à primeira geração, vale a pena lembrar o juízo de Braudel: "Individualmente, nem Bloch nem Febvre foi o maior historiador francês do período, mas juntos o eram" (Braudel, 1968a, p.93). Na segunda geração, é difícil pensar em um historiador da metade do século da mesma categoria de Braudel. Ainda hoje, uma parte significativa do que de mais interessante se faz em trabalhos históricos é ainda realizada em Paris.

Olhando o movimento como um todo, percebemos uma grande quantidade de livros notáveis aos quais é difícil negar o título de obras-primas: *Les Rois Thaumaturges*, *Societé Féodale*, *Le probléme de l'incroyance*, *Le Mediterranée*, *Les Paysans de Languedoc*, *Civilisation et Capitalisme*. Devemos lembrar também as equipes de pesquisa que foram capazes de levar adiante empreendimentos que demandariam muito tempo a um único indivíduo para levar qualquer deles a bom termo. A longa vida do movimento permitiu que os historiadores se apoiassem, através de suas obras, mutuamente (ou também reagissem contra). Nomear apenas as mais importantes contribuições da história dos *Annales* significa escrever uma lista por si só impressionante: história-problema, história comparativa, história psicológica, geo-história da longa duração, história serial, antropologia histórica.

Da minha perspectiva, a mais importante contribuição do grupo dos *Annales*, incluindo-se as três gerações, foi expandir o campo da história por diversas áreas. O grupo ampliou o território da história, abrangendo áreas inesperadas do comportamento humano e a grupos sociais negligenciados pelos historiadores tradicionais. Essas extensões do território histórico estão vinculadas à descoberta de novas fontes e ao desenvolvimento de novos métodos para explorá-las. Estão também associadas à colaboração com outras ciências, ligadas ao estudo da humanidade, da geografia à linguística, da economia à psicologia. Essa colaboração interdisciplinar manteve-se por mais de sessenta anos, um fenômeno sem precedentes na história das ciências sociais.

É por essas razões que o título deste livro se refere à "Revolução Francesa da historiografia", e que seu prefácio se inicia com estas palavras: "Da produção intelectual, no campo da historiografia, no século XX, uma importante parcela do que existe de mais inovador, notável e significativo, origina-se da França".

A historiografia jamais será a mesma.

Glossário:
A linguagem dos *Annales*

Este breve glossário foi elaborado, primeiramente, para servir como uma guia aos leitores não habituados à linguagem dos historiadores dos *Annales*. As notas históricas, tão acuradas quanto eu as poderia fazer, serão, com toda certeza, corrigidas pelos filólogos no devido tempo.

Conjuntura – Na linguagem dos economistas franceses, este vocábulo é a palavra normal para "tendência" (foi utilizada anteriormente por economistas alemães como Ernst Wagemann em seu *Konjunkturlehre* de 1928, e por historiadores como Wilhelm Abel, em seu estudo *Agrarkonjunktur*, de 1935). Braudel ajudou a colocar o termo em circulação entre os historiadores, falando em *la conjoncture générale du XVIe siècle* (a conjuntura geral do século XVI), em sua aula inaugural em 1950. A palavra implica (como se poderia esperar de sua etimologia, *coniungere*, associar) um sentido de conexão entre fenômenos diversos, mas simultâneos. Genericamente adotado pelos historiadores dos *Annales*, contudo, era frequentemente usado no sentido de complementar oposto à *estrutura*, para significar, em outras palavras, antes a curta ou média duração do que a longa duração, não implicando conexões colaterais (Chaunu, 1959, 2, p.9-13; Burguière, 1986, p.152-3).

Civilização – O termo mais difícil de definir na trindade dos *Annales*. Antes de surgir no título da revista em 1946, havia sido empregado por Bloch em seu livro *Les caractères originaux de l'histoire*... Era também um termo que tinha os favores do antropólogo Marcel Mauss, logo seguido por Braudel. Em todos esses casos, o melhor talvez fosse traduzir o termo por "cultura", no sentido antropológico mais amplo. Assim, a *civilisation materièlle* de Braudel pode ser traduzida por "cultura material".

Estrutura – Febvre emprega o termo "estrutura" ocasionalmente, mas também ele tinha prevenções a seu respeito. Braudel pouco se utilizou do vocábulo em seu *Mediterrâneo*, no qual o que podemos chamar de seções estruturais são descritas como "a parte do meio" e "destinos coletivos". Parece ter sido Chaunu quem o introduziu, definindo-o como "tudo o que numa sociedade, ou numa economia, tem uma duração suficientemente longa em sua modificação para escapar ao observador comum" (Chaunu, 1959, 1, 12; conf. Burguière, 1966, p.644-6).

Etno-história – Um falso amigo. O que o mundo de fala inglesa chama de "antropologia" é, usualmente, descrito em francês como etnologia. Consequentemente, *etno-história* significa antes "antropologia histórica" (talvez, fosse mais exato "história antropológica") do que "etno-história", no sentido americano de história dos povos não letrados.

História episódica (*événementielle*) – Um termo depreciativo para a história dos acontecimentos, lançado por Braudel no prefácio de seu *Mediterrâneo*, mas utilizado anteriormente, por Paul Lacombe, em 1915 (embora a ideia retroaja a Simiand, Durkheim, e mesmo ao século XVIII).

História global – Um ideal formulado por Braudel. "Globalidade não é querer escrever uma história completa do mundo... É simplesmente o desejo, ao nos defrontarmos com um problema, de ir sistematicamente além de seus limites" (Braudel, 1978, p.245). O próprio Braudel estudou o seu mar Mediterrâneo no interior do contexto de um "Mediterrâneo maior", que ia do Saara ao Atlântico. O termo parece ter sido emprestado da sociologia de Georges Gurvitch. Ver *história total*.

História do Imaginário – Um termo recente, empregado por exemplo por Duby (1978) e Corbin (1982), que mais ou menos corresponde à velha história das representações coletivas. O vocábulo antigo tinha vinculações durkheimianas, enquanto o novo, "imaginário", relaciona-se com tendências neomarxistas. Parece ter se originado de C. Castoriadis, *L'instituition imaginaire de la societé* (1975), um estudo que é, por sua vez, devedor da famosa definição de ideologia de Althusser, fundamentada na pressuposição de "relação imaginada às reais condições de existência".

História imóvel – Algumas vezes traduzida como "história sem movimento", ou "história imóvel", expressão usada por Le Roy Ladurie numa conferência sobre o ecossistema do início da França moderna, muito criticada por ter sido entendida como uma negação da existência de mudança na história (Le Roy Ladurie, 1978, 1-27). Braudel (1949) já havia falado de uma *história quase imóvel* no prefácio de seu *Mediterrâneo*.

História-problema – "uma história orientada por problemas", um *slogan* de Lucien Febvre, que pensava que toda história deveria tomar essa forma.

História quantitativa – Um outro falso amigo, pois o termo se refere, em francês, não à história quantitativa em geral, mas à história macroeconômica, à história do Produto Nacional Bruto, no passado. Alguns tipos de história quantitativa são conhecidos, na França, como *história serial* (Burguière, 1986, 557-62).

História serial – Um termo empregado por Chaunu em 1960, tendo sido rapidamente apropriado por Braudel e outros, para se referirem às tendências de *longa duração*, pelo estudo das continuidades e descontinuidades, no interior de séries relativamente homogêneas de dados (preços de cereais, data das safras de vinho, nascimentos anuais, comungantes de Páscoa etc.) (Conf. Chaunu, 1970, 1973; Burguière, 1986, 631-3).

História total – Febvre gostava de falar em *história simplesmente* (*histoire tout court*) em oposição à história econômica, social ou política. R.H. Tawney, em 1932, empregou o termo *histoire integrale*, utilizando talvez um modelo francês. O antropólogo Marcel Mauss, porém, gostava de empregar o adjetivo *total*, com o objetivo de caracterizar o tipo de abordagem de sua ciência. Braudel usou o termo na conclusão da segunda edição de seu *Mediterrâneo* e em vários outros estudos. (Conf. Devulder, 1985) – Ver também *história global*.

Longa duração – Esta frase transformou-se num termo técnico depois que foi utilizado por Braudel em seu famoso artigo (Braudel, 1958). Uma concepção semelhante percorre seu *Mediterrâneo*. Nesse livro, porém, ele escreveu *uma história quase imóvel* (em lugar de muito longa duração) e uma história lentamente *ritmada* (para mudanças ocorridas em apenas um século ou dois).

Mentalidade – Ainda que Durkheim e Mauss tenham empregado ocasionalmente o termo, foi o livro de Lévi-Bruhl, *La mentalité primitive* (1922), que o lançou na França. Assim mesmo, apesar de ter lido Lévi-Bruhl, Marc Bloch preferiu descrever seu *Les Rois Thaumaturges* (1924), hoje reconhecido como uma obra pioneira na história das mentalidades, como uma história de *representações coletivas* (termo preferido por Durkheim), *representações mentais*, ou mesmo *ilusões coletivas*. Nos anos 30, Febvre introduziu o vocábulo *instrumental intelectual*, mas não obteve grande sucesso. Foi Georges Lefebvre, um historiador situado nos limites do grupo dos *Annales*, que cunhou a frase *história das mentalidades coletivas*.

História Nova – A expressão foi popularizada pelo livro *La nouvelle histoire* (1978), editado por Jacques Le Goff e outros, mas já havia sido reivindicada, anteriormente, para os *Annales*. Braudel havia falado de uma *história nova* em sua aula inaugural no Collège de France (1950). Febvre, por outro lado, usara frases como *"uma outra história"* para descrever o que o grupo dos *Annales* tentava fazer.

Instrumental intelectual – *Ver* mentalidade.

Psicologia Histórica – O termo foi usado por Henri Berr em 1900, ao formular o objetivo de sua recém-fundada *Revue de Synthèse Historique*. Bloch descrevia *Les Rois*...(1924) como uma contribuição à *psicologia religiosa* e alguns de seus últimos ensaios – sobre respostas às mudanças tecnológicas – como contribuições à *psicologia coletiva*. Febvre defendeu a *psicologia histórica* num artigo de 1938, publicado na *Encyclopédie française*, e descreveu seu estudo de Rabelais (1942) da mesma forma. Robert Mandrou subtitulou seu *Introduction à la France moderne* (1961), baseado em notas deixadas por Febvre, e publicado numa coleção criada por Berr, "ensaio de psicologia histórica". Mais recentemente, em sua disputa com o termo "mentalidades", foi o perdedor.

Bibliografia

Esta bibliografia, que reproduz a forma do original, inclui:

i. os livros citados no texto;
ii. uma seleção dos trabalhos dos membros do grupo dos *Annales*;
iii. uma seleção de obras a seu respeito.

Na falta de outra indicação, o local de publicação é Paris.

ABEL, W. (1935) *Agrarkrisen und Agrarkonjonktur* (2 ed., Hamburg, Berlin, 1966).

ABRAMS, P.(1982) *Historical Sociology*. England: Newton Abbot.

AGUET, J.-P., MULLER, B. (1985) "'Combats pour l'histoire' de Lucien Febvre dans le Revue de Synthèse Historique". *Revue suisse d'histoire*, 35, 389-448.

AGULHON, M. (1968) *Pénitents et francs-maçons de l'andenne Provence.*

AGULHON, M. (1970) *La République au village* (trad. inglesa: *The Republic in the Village*. Cambridge, 1982).

AGULHON, M. (1979) *Marianne au combat* (trad. inglesa: *Marianne into Battle*. Cambridge, 1981).

AGULHON, M. (1987) "Vu des coulisses". In: NORA (1987), p.9-59.

ALLEGRA, L., TORRE, A. (1977) *La nascitta della storia sociale in Francia dalla Comune alle Annales*. Turin.

ALTHUSSER, L. (1970) "Idéologie et appareils idéologiques d'état". *La Pensée* (1970) (trad. inglesa em seu *Lenin and Philosophy*. London, 1971).

ANDREWS, R. M. (1978). "Implications of Annales for U.S. History." *Review*, l, 165 80.

APPADURAI, A. (ed.) (1986) *The Social Life of Things*. Cambridge.

ARIES, P. (1960) *L'enface et la vie familiale sous l'ancien régime* (trad. inglesa: *Centuries of Childbood*. New York, 1965).

ARIES, P. (1977) *L'homme devant la mort* (trad. inglesa: *The Hour of OurDeath*. London, 1981).

ARRIAZA, A. (1980) "Mousnier, Barber and the 'Society of Orders'". *Past and Present*, 89, 39-57.

AYMARD, M. (1978) "The Impact of the Annales School in Mediterranean Countries". *Review*, l, 53-64.

AYMARD, M. (1988) "Une certaine passion de la France". In: *Lire Braudel*, p.58-73.

BAEHREL, R. (1961) *Une croissance, la basse Provence rurale*.

BAILYN, B. (1951) "Braudel's Geohistory - a Reconsideration". *Journal of Economic History*, 11, 277-82.

BAKER, A. R. H. (1984) "Reflection on the Relations of Historical Geography and the Annales School of History". A. R. H. Baker, D. Gregory (ed.). *Explorations in Historical Geography*. Cambridge, 1-27.

BARTLETT, F. C. (1932) *Remembering: A Study in Experimental and Social Psychology*.

BAULIG, H. (1945) "Marc Bloch géographe". *Annales*, 8, 5-12.

BAULIG, H. (1957-8) "Lucien Febvre à Strasbourg". *Bull. Fac. Lettres Strasbourg*, 36, 185-8.

BAUMONT, M. (1959) *Notice sur la vie et les travaux de Lucien Febvre*.

BEIK, W. (1985) *Absolutism and Society in Seventeenth-Century France: State Power and Provincial Aristocracy in Languedoc*. Cambridge.

BENNASSAR, B. (1967) *Valladolid au siècle d'or*. The Hague.

BERCÉ, Y.-M. (1974) *Histoire des Croquants*. Geneva (trad. inglesa abreviada: *The History of Peasant Revolts*. Cambridge, 1990).

BESANÇON, A. (1968) "Psychoanalysis, Auxiliary Science or Historical Method? *Journal of Contemporary History*, 3, 149-62.

BESANÇON, A. (1971) *Histoire et expérience du moi*.

BIRNBAUM, N. (1978) "The Annales School and Social Theory". *Review*, l, 225-35.

BLOCH, M. (1913) *L'Ille de France* (trad. inglesa: *The Ille de France*. London, 1971).

BLOCH, M. (1924) *Le rois thaumaturges* (nova edição, Paris 1983; trad. inglesa: *The Royal Touch*. London, 1973).

BLOCH, M. (1925) "Memoire collective". *Revue de Synthèse Historique*, 40, 73-83.

BLOCH, M. (1928) "A Contribution towards a Comparative History of European Societies". In: BLOCH (1967), p.44-76.

BLOCH, M. (1931) Les caractères originaux de l'histoire rurale française (nova edição, Paris 1952; trad. inglesa: *French Rural History*. London, 1966).

BLOCH, M. (1930-40) *La société feodale* (nova edição, 1968; trad. inglesa: *Feudal Society*. London, 1961).

BLOCH, M. (1946) *L'étrange défaite* (trad. inglesa: *Strange Defeat*. London, 1949).

BLOCH, M. (1948) "Technical Change as a Problem of Collective Psychology". *Journal of Normal and Pathological Psychology*, 104-15, reeditado em BLOCH (1967), p.124-35.

BLOCH, M. (1949) *Apologie pour l'histoire* (trad. inglesa: *The Historian's Craft*. Manchester, 1954).

BLOCH, M. (1967) *Land and Work in Medieval Europe*. London (oito ensaios).

BLOK, A. (1981) "Rams and Billy-Goats: A Key to the Mediterranean Code of honour". *Man*, 16, 427-40.
BOER, P. de (1987) *Geschiedbeoefening in Frankrijk (1818-1914)*. Nijmegen.
BOIS, P. (1960) *Paysans de L'Ouest*.
BOLLÊME, G. et al. (1965) *Livre et société dans la France du 18e siècle*. 2 vols, The Hague.
BORN, K. E. (1964) "Neue Wege der Wirtschafts- und Sozialgeschichte". *Saeculum*, 15, 298-309.
BOURDIEU, P., PASSERON, J. C. (1970) *La réproduction sociale* (trad. inglesa: *Reproduction in Education, Society and Culture*. London, Beverly Hills, 1977).
BOURDIEU, P. (1972) *Esquisse d'une théorie de la pratique* (trad. inglesa: *Outline of a Theory of Practice*. Cambridge, 1977).
BOYLE, L. (1981) "Montaillou Revisited". In: J. A. RAFTIS (ed.). *Pathways to Medieval Peasants*. Toronto.
BRAUDEL, F. (1928) "Les espagnols et l'Afrique du Nord". *Revue africaine*, 69, 184-233 e 351-410.
BRAUDEL, F. (1949) *La Méditerranée et le monde méditerranéen à l'époque de Philippe II* (2 ed. ampliada, 2 vols, 1966; trad. inglesa, 2 vols. London, 1972-3).
BRAUDEL, F. (1953a) "Présence de Lucien Febvre". *Eventail de l'histoire vivante*, 1-16.
BRAUDEL, F. (1953) "Georges Gurvitch et la discontinuité du social". *Annales*, 12, 347-61.
BRAUDEL, F. (1957) "Lucien Febvre et l'histoire". *Cahiers internationaux de sociologie*, 22, 15-20.
BRAUDEL, F. (1958) "Histoire et sciences sociales: la longue durée". *Annales*, 17 (trad. inglesa em BRAUDEL, 1980).
BRAUDEL, F. (1967) *Civilisation matérielle et capitalisme* (2 ed., revista, *Les structures du quotidien* 1979; trad. inglesa: *The Structures of Everyday Life*. London, 1981).

BRAUDEL, F. (1986a) "Marc Bloch". *International Encydopaedia of the Social Sciences*, vol. 2, p.92-5.

BRAUDEL, F. (1968b) "Lucien Febvre". *International Encydopaedia of the Social Sciences*, vol. 5, p.348-50.

BRAUDEL, F. (1969) *Ecrits sur l'histoire* (trad. inglesa: *On History*. Chicago, 1980).

BRAUDEL, F. (1972) "Personal Testimony". *Journal of History*, 44, 448-67.

BRAUDEL, F. (1977) *Afterthoughts on Material Civilisation*. Baltimore, London.

BRAUDEL, F. (1978) "En guise de conclusion". *Review*, l, 243-54.

BRAUDEL, F. (1979a) *Les jeux de l'échange* (trad. inglesa: *The Wheels of Commerce*. London, 1982).

BRAUDEL, F. (1979b) *Le temps du monde* (trad. inglesa: *The Perspective of the World*. London, 1983).

BRAUDEL, F. (1980) *On History*. Chicago.

BRAUDEL F. (1981) "The Rejection of the Reformation in France". In: H. LLOYD-JONES (ed.). *History and imagination*. London, p.72-80.

BRAUDEL, F. (1986) *L'identité de la France: espace et histoire* (trad. inglesa: *The identity of France*. vol. 1, London 1988).

BRENNER, R. (1976) "Agrarian Class Structure and Economic Development in Pre-Industrial Europe". *Past and Present*, 70, 30-74.

BRUNSCHWIG, H. (1960) *Mythes et réalités de l'impérialisme coloniale française* (Trad. inglesa: *French Imperialism*. London, 1966).

BRUNSCHWIG, H. (1982) "Souvenirs sur Marc Bloch". *Etudes Africaines offertes à H. Brunschwig*, p.xiii-xvii.

BURGUIÈRE, A. (1978) "The New Annales". *Review*, 1, 195-205.

BURGUIÈRE, A. (1979) "Histoire d'une histoire". *Annales*, 34, 1347-59.

BURGUIÈRE, A. (1983) "La notion de mentalités chez M. Bloch et L. Febvre". *Revue de Synthèse*, 333-48.

BURGUIÈRE, A. (ed.) (1986) *Dictionnaire des sciences historiques*.

BURKE, P. (1973) "The Development of Lucien Febvre". In: FEBVRE (1973), p.v-xii.

BURKE, P.(1978) "Reflections on the Historical Revolution in France". *Review*, l, 147-56.

BURKE, P.(1980) "Fernand Braudel". In: J. CANNON (ed.). *The Historian at Work*. London, p.188-202.

BURKE, P.(1981) "Material Civilisation in the Work of Fernand Braudel". *Itinerario*, 5,37-43.

BURKE, P.(1986) "Strengths and Weaknesses of the History of Mentalities". *History ofbEuropean Ideas*, 7, 439-51.

BURKE, P.(1988) "Ranke the Reactionary". *Syracuse Scholar*, 9, 25-30.

BURROWS, R. (1981-2) "J. Michelet and the Annales School". *Clio*, 12, 67-81.

BUTTIMER, A. (1971) *Society and Milieu in the French Geographic Tradition*. Chicago.

CARBONELL, C. O. (1976) *Histoire et historiens*. Toulouse.

CARBONELL, C. O., LIVET, G. (eds) (1983) *Au berceau des Annales*. Toulouse.

CEDRONIO, M. et al. (eds) (1977) *La storiografia francese*.

CHARLE, C., DELANGLE, C. (eds) (1987) "Lacampagne électorale de Lucien Febvre au Collège de France". *Histoire de l'Education*, 34, 49-70.

CHARTIER, R. (1987) *Lectures et lecteurs dans l'anden regime* (trad. inglesa: *Tire Cultural Uses of Print in Early Modem France*. Princeton, 1988).

CHARTIER, R. (1988) *Cultural History*. Cambridge.

CHARTIER, R., REVEL, J. (1979) "Lucien Febvre et les sciences sociales". *Historiens et géographes*, 427-42.

CHARTIER et al. (1976) *L'éducation en France du 16e au 18e siècle*.

CHAUNU, P.; H. (1955-60) *Séville et l'Atantique*. 12 vols.

CHAUNU, P. (1964) *L'Amérique et les Amériques*.

CHAUNU, P.(1970) "L'histoire sérielle". *Revue Historique*, 243, reeditado em CHAUNU (1978a), p.20-7.

CHAUNU, P. (1973) "Un nouveau champ pour l'histoire sérielle: le quantitatif au 3e niveau". *Mélanges Braudel*, Toulouse, reeditado em CHAUNU (1978a), p.216-30.
CHAUNU, P. (1978) *Histoire quantitative, histoire sérielle*.
CHAUNU, P. et al. (1978) *La mort à Paris*.
CHAUNU, P. (1987) "Le fils de la morte". In: NORA (1987), p.61-107.
CHIFFOLEAU, J. (1980) *La comptabilité de l'au-delà*. Rome.
CHIRAC, D. (1984) "The Social and Historical Landscape of Marc Bloch". In: B. SKOCPOL (ed.).*Vision and Method in Social Science*. Cambridge, cap. 2.
CLARENCE-SMITH, W. G. (1977) "For Braudel". *History of Africa*, 4, 275-82.
CLARK, S. (1983) "French Historians and Early Modern Popular Culture". *P & P*, 100, 62-99.
CLARK, S. (1985) "The Annales Historians". In: *The Return of Grand Theory in the Social Sciences*. Q. Skinner, Cambridge, p.177-98.
CLARK, T. N. (1973) *Prophets and Patrons*. Cambridge, Mass.
COBB, R. (1966) "Nous des Annales", reeditado em seu *A Second Identity*. London, 1969, p.76-86.
COLEMAN, D. D. (1987) *History and the Economic Past*. Oxford.
COMTE, A. (1864) *Cours de philosophie positive*, vol. 5.
CORBIN, A. (1975) *Archaisme et modernité en Limousin au 19e siècle*.
CORBIN, A. (1982) *Le miasme et la jonquille*.
CORVISIER, A. (1964) *L'armée française de la fin du 17e siècle au ministére de Choiseul: le soldaat*, 2 vols.
COUTAU-BÉGARIE, H. (1983) *Le phénomène nouvelle histoire*.
COUTURIER, M. (1969) *Recherches sur les structures sociaux de Châteaudun 1525-1789*.
CROIX, A. (1983) *La Bretagne aux 16 et 17e siècles*.
CURTIUS, E. R. (1948) *Europäische Literatur und Lateinische Mittelalter*. Bern (trad. inglesa: *European Literature and the Latin Middle Ages*. New York 1954).
CVIJIC, J. (1918) *La péninsule balkanique*.

DARNTON, R. (1978) "The History of Mentalities". In: R. H. BROWN, S. M. LYMAN (ed.). *Structure, Consciousness and History*. Cambridge, p.106-36.
DARNTON, R. (1984) *The Great Cat Massacre*. New York.
DAVIES, R. R. (1967) "Bloch". *History*, 52, 265-86.
DAVIS, N. Z. (1979) "Les conteurs de Montaillou". Annales, 34, 61-73.
DE CERTEAU, M. (1975) *L'écriture de l'histoire* (trad. inglesa: *The Writing of History*. New York, 1989).
DE CERTEAU, M. (1980) *L'invention du quotidien*.
DE CERTEAU, M. et al. (1975) *Une politique de la langue: la Révolution française et les patois*.
DELUMEAU, J. (1957-9) *Vie économique et sociale de Rome dans la seconde moitié du 16e siècle*, 2 vols.
DELUMEAU, J. (1971) *Le Catholicisme entre Luther et Voltaire* (trad. inglesa: *Catholicism from Luther to Voltaire*. London, 1977).
DELUMEAU, J. (1978) *La peur en Occident*.
DELUMEAU, J. (1983) *Le péché et la peur*.
DEVULDER, C. (1985) "Karl Lamprecht, Kulturgeschichte et histoire total". *Revue d'Allemagne*, 17.
DEYON, P. (1967) *Amiens, capitule provindale*.
DION, R. (1934) *Essai sur la formation du paysage rural français*. Tours.
DOSSE, F. (1987) *L'histoire en miettes*.
DUBUC, A. (1978) "The Influence of *the Annales Schoolin Quebec*". *Review*, 1, 123-45.
DUBY, G. (1953) *La société aux 11e et 12e siècles dans la région mâconnaise*.
DUBY, G. (1961) "Histoire des mentalités". In: *L'histoire et ses méthodes*, p.937-65.
DUBY, G. (1962) *L'économie rurale et la vie des campagnes dans l'occident medieval* (trad. inglesa: *Rural Economy and Country Life*. London, 1968).
DUBY, G. (1973a) *Le dimanche de Bouvines* (trad. inglesa: *The Legend of Bouvines*. Cambridge, 1990).

DUBY, G. (1974) "Histoire sociale et idéologies des sociétés". In: LE GOFF, NORA (1974) (trad. inglesa em LE GOFF, NORA 1985).
DUBY, G. (1978) *Les trois ordres* (trad. inglesa: *The Three Orders*. Chicago, 1980).
DUBY, G. (1987) "Le plaisir de l'historien". In: NORA (1987), p.109-38.
DUBY, G., LARDREAU, G. (1980) *Dialogues*.
DUFOUR, A. (1963) "Histoire politique et psychologie historique". *Bibliothèque d'humanisme et Renaissance*, 25, 7-24.
DUMOULIN, R. (1983) "Henri Pirenne et la naissance des Annales". In: CARBONELL, LIVET (1983), p.271-7.
DUMOULIN, O. (1986) "Un entrepreneur des sciences de l'homme". *Espaces-Temps*, 34-5, 31-5.
DUPRONT, A. (1961) "Problèmes et méthodes d'une histoire de psychologie *collectiive*". *Annales*, 16, 3-11.
DUPRONT, A. (1965) "De l'acculturation". 12TH INTERNATIONAL CONGRESS OF HISTORICAL SCIENCES. *Rapports*, l, 7-36.
DUPRONT, A. (1974) "Religion and Religious Anthropology". In: LE GOFF, NORA (1974) (versão inglesa, LE GOFF, NORA, 1985, cap. 6).
DUPRONT, A. (1987) *Du sacré*.
DURKHEIM, E. (1896) "Préface" to *Année Sociologique*, 1.
ERBE, M. (1979) *Zur neuereren französische Sozialforschung*. Darmstadt.
ERIKSON, E. (1954) *YoungMan Luther*. New York.
ESPACE-TEMPS (1986) edição especial sobre Braudel.
EVANS-PRITCHARD, E. E. (1937) *Witchcraft, Oracles and Magic among the Azande*. Oxford.
EVANS-PRITCHARD, E. E. (1961) "Anthropology and History", reeditado nos seus *Essays in Social Anthropology*. Oxford, 1962.
FARGE A. (1986) *La vie fragile*.
FAURÉ, C. (1980) "L'absente" (trad. inglesa: "Absent from History". *Signs*, 7, 71-86).
FEBVRE, L. (1911) *Philippe II et la Franche-Comté*. Paris.

FEBVRE, L. (1922) *La terre et l'évolution humaine* (trad. inglesa: *A Geographical Introduction to History*. London, 1925).
FEBVRE, L. (1928) *Un destin, Martin Luther* (trad. inglesa: *Martin Luther*. London, 1930).
FEBVRE, L. (1929) "Une question mal posée". *Revue Historique*, 30 (trad. inglesa: FEBVRE, [1973], p.44-107).
FEBVRE, L. (1942) *Le problème de l'incroyance au 16e siècle: la religion de Rabelais* (trad. inglesa: *The Problem of Unbelief in the Sixteenth Century*. Cambridge, Mass. 1983).
FEBVRE, L. (1945) "Souvenirs d'une grande histoire: Marc Bloch et Strasbourg", reeditado em FEBVRE (1953), p.391-407.
FEBVRE, L. (1953) *Combats pour l'histoire*.
FEBVRE, L. (1956) "Marc Bloch", in *Architects and Craftsmen in History: Festschift für A. P. Usher*. Tübingen, p.75-84.
FEBVRE, L. (1957) *Au coeur religieux du XVIe siècle*.
FEBVRE, L. (1926) *Pour une histoire à part entière*.
FEBVRE, L. (1973) *A New kind of History*. P. BURKE (ed.). London.
FEBVRE, L., Martin, H.-J. (1958) *L'apparition du livre* (trad. inglesa: *The Coming of the Book*. London, 1976).
FENLON, D. (1974) "Encore une Question: Lucien Febvre, the Reformation and the School of *Annales*". *Historical Studies*, 9, 65-81.
FERRO, M. (1967) *La révolution russe*.
FERRO, M. (1969) *La grande guerre*.
FERRO, M. (1987) "Des *Annales* á la nouvelle histoire". In: C. DESCAMPS (ed.), *Philosophie et histoire*. Paris, p.37-45.
FINK, C. (1989) *Marc Bloch*, Cambridge.
FLANDRIN, J.-L. (1976) *Familles* (trad. inglesa: *Families in Former Times*. Cambridge, 1979).
FLEURY, M., VALMARY, P.(1957) "Les progrès de l'instruction élémentaire de Louis XIV à Napoléon III". *Population*, 72-92.
FORSTER, R. (1978) "Achievements of the Annales School". *JEcH*, 38, 58-76.

FOUCAULT, M. (1969) *L'archéologie du savoir* (trad. inglesa: *The Order of Things*. London, 1972).

FRANÇOIS, M. (1957) "Lucien Febvre". *Bibliothéque d'Humanisme et Renaissance*, 19, 355-8.

FRAPPIER, J. (1969) "Sur Lucien Febvre et son interprétation psychologique du 16e siècle". *Mélanges Lebègue*, 19-31.

FRECHE, G. (1974) *Toulouse et sa région*.

FREEDMAN, M. (1975) "Marcel Granet". In: M. GRANET (ed.). *The Religion of the Chinese People*. Oxford, 1-29.

FURET, F. (1978) *Penser la Révolution française* (trad. inglesa: *Interpreting the French Revolution*. Cambridge, 1981).

FURET, F. (1982) *L'Atelier de l'histoire* (trad. inglesa: *In the Workshop of History*. Chicago, 1984).

FURET, F., HALÉVI, R. (1989) "L'année 1789". *Annales*, 44, 3-24.

FURET, F., OZOUF, J. (1977) *Lire et écrire*, 2 vols. (trad. inglesa do vol. 1: *Reading and Writing*. Cambridge, 1981).

GARDEN, M. (1970) *Lyon et les Lyonnais au 18e siècle*.

GARRETT, C. (1985) "Spirit Possession, Oral Tradition, and the Camisard Revolt". In: M. BERTRAND (ed.). *Popular Traditions and Learned Culture in France*. Saratoga, p.43-61.

GASCON, R. (1971) *Grand commerce et vie urbaine au 16e siècle*.

GEREMEK, B. (1986) "Marc Bloch". *Annales*, 41, 1091-1106.

GERNET, J. (1982) *Chine et christianisme* (trad. inglesa: *China and the Christian Impact*. Cambridge, 1985).

GIDDENS, A. (1977) "Durkheim's Political Sociology", impresso nos seus *Studies in Social and Political Theory*. London, p.234-72.

GILBERT, F. (1965) "Three 20th-century Historians". In: J. HIGHAM (ed.). *History*. Englewood Cliffs, p.315-87.

GIL PUJOL, J. (1983) *Recepción de la Escuela des Annales en la historia social anglosajona*. Madrid.

GINZBURG, C. (1965) "Marc Bloch". *Studi medievali*, 10, 335-53.

GINZBURG, C. (1976) *Il formaggio e i vermi* (trad. inglesa: *Cheese and Worms*. London, 1981).

GOFFMAN, E. (1959) *The Presentation of Self in Everyday Life*. New York.
GOUBERT, P. (1960) *Beauvais et le Beauvaisis*.
GOUBERT, P. (1966) *Louis XIV et vingt millions de français* (trad. inglesa: *Louis XIV and Twenty Million Frenchmen*. London, 1970).
GOUBERT, P. (1969) *L'ancien régime, 1: La société* (trad. inglesa: *The Ancien Regime*. London, 1973).
GOUBERT, P. (1973) *L'ancien régime, 2: Les pouvoirs*.
GOUBERT, P. (1982) *La vie quotidienne des paysans français au XVIIe siècle* (trad. inglesa: *The Frendi Peasantry in the Seventeenth Century*. Cambridge, 1986).
GRANET, M. (1934) *La pensée chinoise*.
GRUZINSKI, S. (1988) *La colonisation de l'imaginaire* (trad. inglesa: Cambridge, 1990).
GUILMARTIN, J. F. jr (1974) *Gunpowder and Galleys*. Cambridge.
GUNDER FRANK, A. (1969) *Capitalism and Underdevelopment in Latin America*. Harmondsworth (2 ed. 1971).
HALBWACHS, M. (1925) *Les cadres sociaux de la mémoire*.
HALL, J. (1980) "The Time of History and the History of Times". *History and Theory*, 19, 113-31.
HARDING, R. (1983) "P.Goubert's Beauvaisis". *History and Theory*, 22, 178-98.
HASLUCK, F. W. (1929) *Christianity and Islam under the Sultans*, 2 vols, Oxford.
HAUSER, H. (1899) *Ouvriers du temps passé*.
HENDRICKS, L. V. (1946) *J. H. Robinson*. New York.
HENRETTA, J. A. (1979) "Social History as Lived and Written". *American Histirical Review*, 84, 1293-322.
HENRY, L. (1956) *Anciennes familles genevoises*.
HENRY, L. & GAUTIER, E. (1958) *La population de Crulai*.
HERLIHY, D. (1978) "Medieval Children". In: B. K. LACKNER, K. R. PHILP (ed.). *Essays on Medieval Civilization*. Austin, p.109-31.
HESS, A. C. (1972) "The Battle of Lepanto and its Place in European Histor". *Past and Present*, 57, 53-73.

HEXTER, J. (1972) "Fernand Braudel and the Monde Braudelien". *Journal of Modern History*, 44, reeditado no seu *On Historians*. Cambridge, Mass. 1979, p.61-145.

HIMMELFARB, G. (1987) *The New History and the Old*. Cambridge, Mass.

HOBSBAWM, E. (1978) "Comments". *Review*, 1, 157-62.

HOSKINS, W. G. (1955) *The Making of the English Landscape*. London.

HOSKINS, W. G. (1957) *The Midland Peasant*. London.

HUGHES, H. S. (1969) *The Obstructed Path*. New York.

HUNT, D. (1970) *Parent and Children in History*. New York.

HUNT, L. (1986) "French History in the last 20 Years". *Journal of Contemporary History*, 21, 209-24.

HUPPERT, G. (1978) "The Annales School before the Annales". *Review*, 1, 215-19.

IGGERS, G. (1975) *New Directions in European Historiography* (ed. revista, Middletown 1984).

JAMES, S. (1984) *The Content of Social Explanation*. Cambridge.

JAURÈS, J. (1901) *Histoire socialiste de la Révolution française*, 1 (nova ed. 1968).

JOUTARD, P. & LECUIR, J. (1985) "Robert Mandrou". In: *Histoire sociale, sensibilités collectives et mentalités*, 9-20.

JULLIARD, J. (1974) "La politique". In: Le GOFF, NORA (1974), vol. 2, p.229-50.

KELLNER, H. (1979) "Disorderly Conduct: Braul's Menippean Satire". *History and Theory*, 18, 197-222.

KEYLOR, W. (1975) *Academy and Community*. Cambridge, Mass.

KINSER, S. (1981) "Annaliste Paradigm? The Geohistorical Structuralism of F. Braudel". *American Historical Review*, 86, 63-105.

KLAPISCH, C. (1985) *Women, Family and Ritual in Renaissance Italy*. Chicago.

KULA, W. (1960) "Histoire et économie: la longue durée". *Annales*, 15, 294-313.

KULA, W. (1962) *Economic Theory of the Feudal System* (trad. inglesa: London, 1976).

LABROUSSE, E. (1933) *Esquisse du mouvement des prix et des revenus.*
LABROUSSE, E. (1944) *La crise de l'économie française.*
LABROUSSE, E. (1970) "Dynamismes économiques, dynamismes sociaux, dynamismes mentaux". In: F. BRAUDEL, E. LABROUSSE (ed.). *Histoire économique et sociale de la France*, vol. 2. p.693-740.
LABROUSSE, E. (ed.) (1973) *Ordres et classes.*
LABROUSSE, E. (1980) "Entretien" [com C. Charle], *Actes de la Recherche en Science Sociale*, 32-3,111-22.
LACOSTE, Y. (1988) "Braudel géographe". In: *Lire Braudel*, 171-218.
LAFAYE, J. (1974) *Quetzlcoatl et Guadalupe* (trad. inglesa: *Quetzlcoatl and Guadalupe*. Chicago, 1976).
LAMPRECHT, K. (1894) *Deutsche Geschichte*. Leipzig.
LAMPRECHT, K. (1904) *Moderne Geschichtswissenschaft*. Leipzig.
LANDES, D. (1950) "The Statiscal Study of French Crises". *Journal of Economic History*, 10, 195-211.
LANGLOIS, C., SEIGNEBOS, C. (1897) *Introduction aux études historiques.*
LAPEYRE, H. (1955) *Une famille de marchands: les Ruiz.*
LA VISSE, E. (ed.) (1900-12) *Histoire de France*, 10 vols.
LE BRAS, G. (1931) "Statistique et histoire religieuse", reeditado nos seus *Etudes de sociologie religieuse* (2 vols, Paris 1955-6).
LEBRUN, F. *Les hommes et la mort en Anjou.*
LEFEBVRE, G. (1932) *La grande peur de 1789.*
LE GOFF, J. (1972) "Is Politics still the Backbone of History?". In: F. GILBERT, S. GRAUBARD (ed.). *Historical Studies Today*. New York.
LE GOFF, J. (1974) "Les mentalités". In: Le GOFF, NORA (1974) (trad. inglesa em LE GOFF e NORA [1985], p.166-80).
LE GOFF, J. (1977) *Pour un autre Moyen Age* (trad. inglesa: *Time, Work and Culture in the Middle Ages*. Chicago, London, 1980).
LE GOFF, J. (1981) *La naissance du purgatoire* (trad. inglesa: *The Birth of Purgatory*. London, 1984).
LE GOFF, J. (1983) "Préface" à reedição de BLOCH (1924) *Les rois thaumaturges.*

LE GOFF, J. (1987) "L'appétit de l'histoire". In: NORA (1987), p.173-239.

LE GOFF, J. (1989) "Comment écrire une biographie historique aujourd'hui?" *Le débat* 54, 48-53.

LE GOFF, J., NORA, P.(eds) (1974) *Faire de l'histoire*, 3 vols (trad. inglesa: [10 ensaios somente]: *Constructing the Past*. Cambridge, 1985).

LE GOFF, J. et al. (eds) (1978) *La nouvelle histoire*.

LE ROY LADURIE, E. (1959) "History and Climate". P.BURKE (ed.), (trad. inglesa em *Economy and Society in Early Modern Europe*. London, 1972).

LE ROY LADURIE, E. (1966) *Les paysans de Languedoc* (trad. inglesa abreviada: *The Peasants of Languedoc*. Urbana, 1974).

LE ROY LADURIE, E. (1967) *Histoire du climat* (trad. inglesa: *Times of Feast Times Famine*. New York, 1971).

LE ROY LADURIE, E. (1973) *Le territoire de l'historien* (trad. inglesa: *The Territory of the historian*. Hassocks, 1979).

LE ROY LADURIE, E. (1975) *Montaillou Village Occitan* (trad. inglesa: *Montaillou*. London, 1978).

LE ROY LADURIE, E. (1978a) *Le territoire de l'historien*, vol. 2 (trad. inglesa: *The Mind and Method of the historian*. Brighton, 1981).

LE ROY LADURIE, E. (1978b) "A Reply". *Past and Present*, 79, 55-9.

LE ROY LADURIE, E. (1979) *Le carnaval de Romans* (trad. inglesa: *Carnival*. London, 1980).

LE ROY LADURIE, E. (1982) *Paris-Montpellier: PC – PSU 1945-63*.

LE ROY LADURIE, E. (1987) *L'Etat Royal 1460-1610*.

LEUILLIOT, P.(1973) "Aux origines des Annales". *Mélanges Braudel*, 2, Toulouse, 317-24.

LÉVI-STRAUSS, C. (1983) "Histoire et ethnologie". *Annales*, 38, 1217-31.

LOMBARD, D. (1967) *Le sultanat d'Atjéh au temps d'Iskandar Muda*.

LOYN, H. (1980) "Marc Bloch". In: J. CANNON (ed.). The Historian at Work. London, p.121-35.

LUKES, S. (1973) *Emile Durkheim* (2 ed., Harmondsworth, 1975).
LYON, B. (1985) "Marc Bloch: Did He Repudiate Annales History?" *Journal of Medieval History*, 11, 181-91.
LYON, B. (1987) "M. Bloch". *French Historical Studies*, 10, 195-207.
McMANNERS, J. (1981) "Death and the French Historians". In: J. WHALEY (ed.). *Mirrors of Mortality*. London, 1981, p.106-30.
MAKKAI, L. (1983) "Ars historica: On Braudel". *Review*, 6, 435-53.
MALOWIST, M. (1972) *Croissance et régression en Europe*.
MANDROU, R. (1957) "Lucien Febvre". *Revue universitaire*, 66, 3-7.
MANDROU, R. (1961) *Introduction à la France moderne* (trad. inglesa: *Introduction to Modern France*. London, 1975).
MANDROU, R. (1964) *De la culture populaire aux 17e et 18e siècles*.
MANDROU, R. (1965) *Classes et luttes de classes em France au début du 17e siècle*. Messina and Florence.
MANDROU, R. (1968) *Magistrais et sorciers en France au 17e siècle*.
MANDROU, R. (1972) "Histoire sociale et histoire des mentalités". *La Nouvelle Critique*, 41-4.
MANDROU, R. (1977) "Lucien Febvre et la reforme". In: P. JOUTARD (ed.). *Historiographie de la réforme*, p.339-51.
MANN, H. D. (1971) *Lucien Febvre*.
MANTOUX, P.(1906) *La révolution industrielle*.
MARCILHACY, C. (1964) *Le diocèse d'Orléans au milieu du XIXe siècle*.
MARTIN, H.J. (1969) *Livre, pouvoirs et société*.
MARTIN, H.-J., CHARTIER, R. (eds) (1983-6) *Histoire de l'édition française*, 4 vols.
MASSICOTE, G. (1980) *L'histoire-problème: la méthode de Lucien Febvre*.
MASTROGREGORI, M. (1986) "Nota sul testo dell'Apologie pour l'histoire di Marc Bloch". *Revista di storia della storiografia moderna*, 7, 5-32.
MASTROGREGORI, M. (1987) *Il genio della storia: le considerazioni sulla storia di Marc Bloch e Lucien Febvre e la tradizione metodologica francese*. Turin.

MASTROGREGORI, M. (1989) "Le manuscrit interrompu: *Métier d'historien* de Marc Bloch". *Annales*, 44, 147-59.
MAURO, F. (1963) *Le Brésil au 16e siècle*.
MAURO, F. (1981) "Le temps du monde pour Fernand Braudel". *Itinerario*, 5, 45-52.
MAUSS, M. (1930) "Les civilisations", reeditado nos seus *Essais de sociologie*, 1971.
MEUVRET, J. (1946) "Les crises de subsistance et la démographie de la France d'ancien régime", reeditado nos seus *Etudes d'histoire économique*, 1971, p.271-8.
MEUVRET, J. (1977) *Le probléme des subsistances à l'époque de Louis XIV*. 2 vols, The Hague.
MICHELET, J. (1942) reeditado nas suas *Oeuvres*, 1974, vol. 4.
MORAZÉ, C. (1957a) "Lucien Febvre et l'histoire vivante". *Revue historique*, 217, 1-19.
MORAZÉ, C. (1957b) "Lucien Febvre". *Cahiers d'histoire mondiale*, 3, 553-7.
MORAZÉ, C. (1957c) *Les bourgeois conquérants* (trad. inglesa: *The Triumph of the Bourgeoisie*. London, 1966).
MORINEAU, M. (1988) "Civilisation matérielle". In: *Lire Braudel*, 25-57.
MOUSNIER, R. (1964) "Problèmes de méthode dans l'étude des structures sociales", reeditado em MOUSNIER, *La plume la faucille et le marteau*. 1970, p.12-26.
MOUSNIER, R. (1968a) *Fureurs paysannes* (trad. inglesa: *Peasant Uprisings*. London, 1971).
MOUSNIER, R. (ed.) (1968b) *Problèmes de stratification sociale*.
MURRA, J. et al. (eds) (1986) *Antropological History of Andean Politics*. Cambridge.
NORA, P. (1974) "Le retour de l'evénement". In: LE GOFF, NORA (eds), (1974), vol. 1, p.210-28.
NORA, P. (ed.) (1986) *Les lieux de mémoire, 2: La nation*.
NORA, P. (ed.) (1987) *Essais d'ego-histoire*.

NORTH, D. (1978) "Comment". *Journal of Economic History*, 38, 77-80.

ORSI, P. L. (1983) "La storia della mentalità in Bloch e Febvre". *Rivista di storia contemporanea*, 3, 370-95.

OZOUF, M. (1976) *La fête révolutionnaire* (trad. inglesa: *Festivais and the French Revolution*. Cambridge, Mass, 1988).

PÉGUY, C.-P.(1986) "L'univers géographique de Fernand Braudel". *Espaces-Temps*, 34-5, 77-82.

PERISTIANY, J. G. (ed.) (1965) *Honour and Shame: The Values of Mediterranean Society*. London.

PÉROUAS, L. (1964) *Le diocèse de La Rochelle de 1648 à 1724*.

PERRIN, C. (1948) "L'oeuvre historique de Marc Bloch". *Revue historique*, 199, 161-88.

PERROT, M. (1974) *Les ouvriers en greve*.

PEYREFITTE, A. (ed.) (1946) *Rue d'Ulm* (nova edição, Paris 1963).

PIGANIOL, A. (1923) *Recherches sur les jeux romains*. Strabourg.

PILLORGET, R. (1975) *Les mouvements insurrectionels en Provence*.

PIRENNE, H. (1937) *Mahomet et Charlemagne*.

PITT-RIVERS, J. (1961) *People of the Sierra*. London.

PLANHOL, X. de (1972) "Historical Geography in France". In: A. R. H. BAKER, NEWTON ABBOT (ed.),. Progress in Historical Geography, p.29-44.

POLLOCK, L. (1983) *Forgotten Children: Parent-Child Relations from 1500 to 1900*. Cambridge.

POMIAN, K. (1978) "Impact of the Annales School in Eastern Europe". *Review*, l, 101-18.

POMIAN, K. (1986) "L'heure des Annales". In: NORA (1986), p.377-429.

POPPER, K. (1935) *Logik der Forschung*. Vienna (trad. inglesa: *The Logic of Scientific Discovery*. London, 1959).

PORSHNEV, B. (1948) (Trad: francesa: *Les soulèvements populaires en France avant le Fronde*, 1963).

RAFTIS, J. A. (1962) "Marc Bloch's Comparative Method and the Rural History of Medieval England". *Medieval Studies*, 24, 349-68.

RATZEL, F. (1897) *Politische Geographie*. Leipzig.
RAULFF, U. (1986) "Die Annales E. S. C. und die Geschichte der Mentalitäten". In: G. JÄTTEMANN, WEINHEIM (ed.). *Die Geschichtlichkeit des Seelischen*, p.145-66.
RAULFF, U. (1988) "Der Streitbare Prälat. Lucien Febvre". In: L. FEBVRE, *Das Gewissen des Historikers*. Berlin, p.235-51.
REDFIELD, R. (1930) *Tepoztlan*. Chicago.
REID, A. (1988) *The Lands below the Winds*. New Haven.
RENOUVIN, P. (1971) "E. Labrousse". In: H. A. SCHMITT (ed.). *Historians of Modern Europe*. Baton Rouge, p.235-54.
REVEL, J. (1978) "The Annales: Continuities and Discontinuities". *Review*, 1, 9-18.
REVEL, J. (1979) "Les paradigmes des Annales". *Annales*, 34, 1360-76.
REVEL, J. (1986) "Febvre". In: A. BURGUIÈRE (ed.). *Dictionnaire des Sciences Historiques*. p.279-82.
RHODES, R. C. (1978) "Emile Durkheim and the Historical Thought of Marc Bloch". *Theory and Society*, 5, 45-73.
RICOEUR, P. (1980) *Tfie Contribution ofFrench Historiography to the Theory of History*. Oxford.
RICOEUR, P. (1983-5) *Temps et récit*, 3 vols (trad. inglesa: *Time and Narrative*. New York, 1984-8).
ROBINSON, J. H. (1912) *The New History*. New York.
ROCHE, D. (1981) *Le peuple de Paris* (trad. inglesa: *The People of Paris*. Leamington Spa, 1987).
ROCHE, D. (ed.) (1982) *J.-L. Ménétra: le journal de ma vie*.
ROCHE, D. (1989) *La culture des apparences: une histoire du vêtement, XVIIe-XVIIIe siècle*.
ROCHE, D., CHARTIER, R. (1974) (trad. inglesa: "The History of the Book". In: LE GOFF, NORA (1985), p.198-214; ver LE GOFF, NORA [1974]).
ROSALDO, R. (1986) "From the Door of his Tent: The Fieldworker and the Inquisitor". In: J. CLIFFORD, G. MARCUS (ed.). *Writing Culture*. Berkeley, p.77-97.

SAHLINS, M. (1981) *Historical Metaphors and Mythical Realities*. Ann Arbor.
SAHLINS, M. (1985) *Islands of History*. Chicago.
SAINT-JACOB, P. de (1960) *Les paysans de la Bourgogne*. Toulouse.
SCHMITT, J.-C. (ed.) (1984) "Gestures". *History and Anthropology*, 1.
SÉE, H. (1901) *Les classes rurales et le regime domanial en France au moyen âge*.
SERENI, E. (1961) *Storia del paesaggio agrario italiano*. Bari.
SEWELL, W. (1967) "M. Bloch and the Logic of Comparativo History". *History and Theory*, 6, 206-18.
SIEGEL, M. (1983) "Henri Berr et la Revue de Synthèse Historique". In: CARBONELL, LIVET (1983), p.205-18.
SIMIAND, F. (1903) "Méthode historique et sciences sociales". *Revue de Synthèse Historique*, 6, 1-22 (trad. inglesa em *Review*, 9, 1985-6, 163-213).
SIMIAND, F. (1932) *Recherches anciennes et nouvelles sur le mouvement général des prix*.
SPATE, O. (1979-88) *The Pacific since Magellan*. 3 vols, London and Canberra.
SPENCER, H. (1861) *Essays on Education* (nova edição, London, 1911).
STOIANOVICH, T. (1976) *French Historical Method: The Annales Paradigm*. Ithaca.
STONE, L. (1965) *The Crisis of the Aristocracy 1558-1641*. Oxford.
STONE, L. (1979) "The Revival of Narrative". *Past and Present*, 85, 3-24.
STUARD, S. M. (1981) "The Annales School and Feminist History". *Signs*, 7, 135-43.
SURATTEAU, J. R. (1983) "Les historiens, le marxisme et la naissance des Annales". In: CARBONELL, LIVET (1983), p.231-46.
THOMPSON, E. P.(1963) *The Making of the English Working Class*. London.
THROOP, P. A. (1961) "Lucien Febvre". In: S. W. HALPERIN (ed.). *Some Twentieth-Century Historians*. Chicago, p.277-98.
TREVOR-ROPER, H. R. (1972) "Fernand Braudel, the Annales, and the Mediterranean". *Journal of Modern History*, 44, 468-79.

TROELS-LUND, T. F. (1879-1901) *Dagligt Liv i Norden*. 14 vols, Copenhagen and Christiania.

VANSINA, J. (1978a) "For Oral Tradition (but not against Braudel)". *History in Africa*, 5, 351-6.

VANSINA, J. (1978b) *The Children of Woot*. Madison.

VENTURI, F. (1966) "Jaurès historien", reeditado nos seus *Historiens du XXe siècle*. Génova.

VERNANT, J.-P.(1966) *Mythe et pensée chez les grecs* (trad. inglesa: *Myth and Thought in Ancient Greece*. Brighton, 1979).

VEYNE, P.(1976) *Le pain et le cirque*.

VILAR, P.(1962) *La Catalogne dans l'Espagne moderne*, 3 vols.

VOVELLE, M. (1973) *Piété baroque et déchristianisation*.

VOVELLE, M. (1976) *L'ascencion irresistible de Joseph Sec*. Aix-en-Provence.

VOVELLE, M. (1982) *Idéologies et mentalités* (trad. inglesa: *Ideologies and Mentalities*. Cambridge, 1990).

WACHTEL, N. (1971) *La vision des vaincus* (trad. inglesa: *The Vision of the Vanquished*. Hassocks, 1977).

WALKER, L. D. (1980) "A Note on Historical Linguistics and M. Bloch's Comparative Method". *History and Theory*, 154-64.

WALLERSTEIN, I. (1974-80) *The Modeen World-System*. 2 vols, New York.

WALLERSTEIN, I. (1988) "L'homme de la conjoncture". In: *Lire Braudel*, 7-24.

WEE, H. van der (1981) "The Global View of Fernand Braudel". *Itinerario*, 5, 30-6.

WEINTRAUB, K. J. (1966) *Vision of Culture*. Chicago.

WESSEL, M. (1985) "De persoonlijke factor", script 7, no. 4 (cartas: BLOCH, FEBVRE).

WESSELING, H. (1978) "The Annales School and the Writing of Contemporary History". *Review*, 1, 185-94.

WESSELING, H. (1981) "Fernand Braudel, Historian of the Longue Durée". *Itinerario*, 5, 16-29.

WESSELING, H., OOSTERHOFF, J. L. (1986) "De Annales, geschiedenis en inhoudsanalyse". *Tijdschrift voor Geschiedenis*, 99, 547-68.

WIEBE, G. (1895) *Zur Geschichte der Preisrevolution des xvi und xvii Jahrhunderts*. Leipzig.

WOOTTON, D. (1988) "Lucien Febvre and the Problem of Unbelief in the Early Modern Period". *Journal of Modern History*, 60, 695-730.

WYLIE, L. (1957) *Village in the Vauduse*. Cambridge, Mass.

SOBRE O LIVRO

Formato: 14 x 21 cm
Mancha: 10,4 x 16,4 cm
Tipologia: Iowan Old Style 10/14
Papel: Offset 75 g/m² (miolo)
  Cartão Supremo 250 g/m² (capa)
2ª *edição:* 2010

EQUIPE DE REALIZAÇÃO
Edição de texto
Lucas Puntel Carrasco (Revisão)

Editoração eletrônica
Vicente Pimenta (Diagramação)